Cuaderno de práctica

Lectura

Scott Foresman

Scott Foresman

Oficinas Editoriales: Glenview, Illinois • New York, New York
Oficinas de Ventas: Reading, Massachusetts • Duluth, Georgia • Glenview, Illinois
Carrollton, Texas • Menlo Park, California

Credits

Illustrators

Elixabeth Allen, Burgundy Beam, Maryjane Begin, Penny Carter, Randy Chewning, David Clar, Renee Quintal Daily, Mike Dammer, Eldon Doty, Ruth J. Flanagan, Rachel Geswaldo, Tim Haggerty, Jennifer Beck Harris, Olga Jakim, Reggie Holladay, Linda Howard, Gary Krejca, Kersti Mack, Patrick Merrell, Albert Molnar, April Mosakowski, Ilene Richard, Patrick Silver, Remy Simard, Carol Stutz, George Ulrich, John Zielinski

Oficinas editoriales
Glenview, Illinois • New York, New York

Oficinas de ventas
Reading, Massachusetts • Duluth, Georgia • Glenview, Illinois
Carrollton, Texas • Menlo Park, California

ISBN 0-673-60580-9

12 13 14 15 16 -CRK-08 07 06 05

Contenido

En familia

El zorro que quería ser lechuza   La mejor manera de cargar agua

La Cenicienta

Zapato
con lazo
llevaba Cenicienta.
En su torre soñaba
y al perrito acariciaba.
¡Que sí,
que no!,
que el príncipe llegó
en su carroza de oro
y a la puerta llamó.

Esta rima incluye palabras que su hijo o hija ha practicado en la escuela: palabras con *za, zo, zu, rra, rre, rri, rro o rru*. Recite esta rima con su hijo o hija. Den una palmada cada vez que digan una palabra que contenga *za, zo o zu*. Den un brinco cada vez que digan una palabra con *rra, rre, rri, rro o rru*.

(doblar aquí)

Nombre: _____

Usted es el mejor maestro de su hijo o hija, ¡y el más importante!

Aquí tiene una serie de actividades para ayudar a su hijo o hija con las distintas destrezas de una manera divertida.

Día 1   Escriba una palabra sencilla que contenga *-za, -zo o -zu* como *caza*. Pida a su hijo o hija que escriba palabras que rimen con esta palabra.

Día 2   Pídale que escriba un pequeño cuento con oraciones sencillas con las palabras *perro, zorro, del, lado y entonces*.

Día 3   Después de leerle un cuento, pídale que le diga qué cosas del cuento pueden ser reales y cuáles no.

Día 4   Su hijo o hija está practicando sus destrezas auditivas. Léale un pequeño párrafo o cuento. Pídale que le cuente las partes más importantes de lo que leyó.

Día 5   Muéstrele fotografías o recortes de revista con algún tipo de acción. Ayúdele a escribir o decir una oración sencilla que describa dicha acción.

¡Lea con su hijo o hija TODOS LOS DÍAS!

Tres en raya

Materiales   tarjetas, marcadores

Instrucciones del juego

1. Escriba cada una de las palabras que hay al final de esta página en una tarjeta. Jueguen al *Tres en raya* en este tablero.

2. Un jugador marca con X y el otro con 0.

3. Por turnos, los jugadores escogen una tarjeta, leen en voz alta la palabra que hay en la tarjeta y marcan una X ó 0 en la casilla del tablero con esa misma palabra.

4. ¡Gana el primer jugador que logre una línea horizontal, vertical o diagonal!

Palabras
zorro, torre, taza, perro, pozo, gorra, jarro, zumo, barra

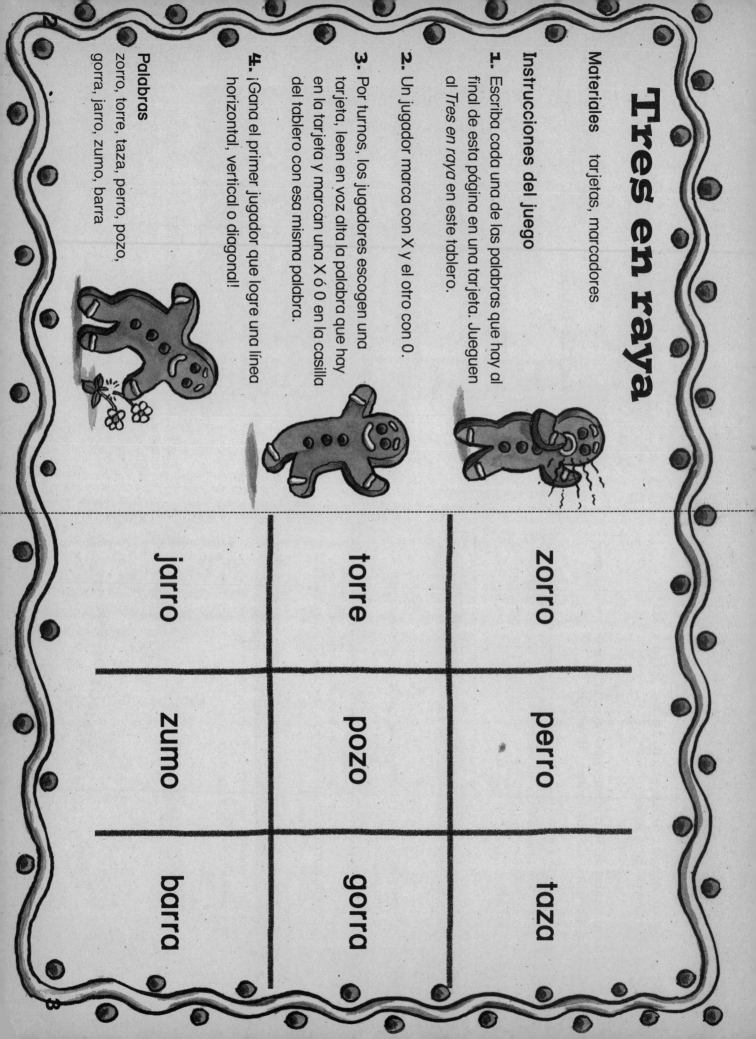

zorro	perro	taza
torre	pozo	gorra
jarro	zumo	barra

Nombre _____

Encierra en un círculo la palabra que corresponde a cada dibujo.

zorro

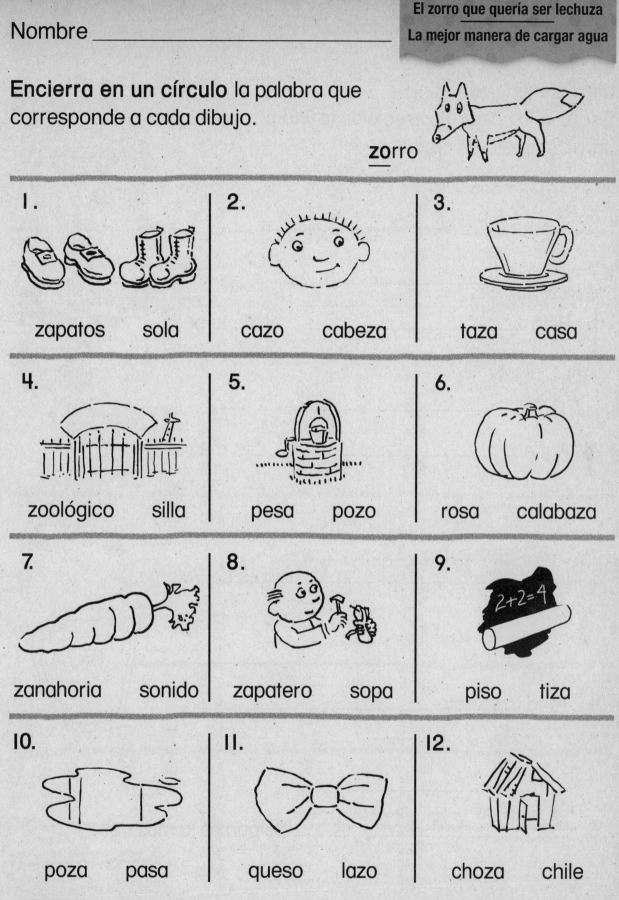

1.
zapatos   sola

2.
cazo   cabeza

3.
taza   casa

4.
zoológico   silla

5.
pesa   pozo

6.
rosa   calabaza

7.
zanahoria   sonido

8.
zapatero   sopa

9.
piso   tiza

10.
poza   pasa

11.
queso   lazo

12.
choza   chile

Notas para el hogar: Su hijo o hija ha practicado la lectura de palabras con *za, zo* y *zu*. *Actividad para el hogar:* Pida a su hijo o hija que escriba un breve cuento con las palabras de esta página. Ayude a su hijo o hija a ilustrar el cuento con dibujos.

Nivel 1.4

Fonética: Sílabas *za, zo, zu*   **3**

Nombre _____

Mira los dibujos.
Escribe la palabra correcta en la línea para completar la oración.

perro

1. Este _____ es de tu papá.

2. Aquella _____ es muy alta.

3. La _____ roja es de Paloma.

4. Toña trajo este _____ .

5. Esa _____ de pan es la más rica.

© Scott Foresman 1

Notas para el hogar: Su hijo o hija ha estado practicando palabras con *rra, rre, rri, rro* y *rru*. **Actividad para el hogar:** Ayude a su hijo o hija a escribir oraciones cortas usando estas palabras.

4 Fonética: Sílabas abiertas con *rr*

Nivel 1.4

Nombre _____

Escoge una palabra de la casilla para completar cada oración.
Escribe la palabra en la línea.

zorro	del	lado	Entonces	perro

1. ¿Cómo se llama tu _____ ?

2. _____ tu perro se llama Capo.

3. Capo vio un _____ .

4. La cola _____ zorro es larga.

5. Capo mueve su cola de un _____ al otro.

Notas para el hogar: Esta semana su hijo o hija está aprendiendo a leer las palabras *zorro, del, lado, entonces* y *perro*. **Actividad para el hogar:** Ayude a su hijo o hija a escribir un cuento corto usando estas palabras y luego pídale que las lea en voz alta.

© Scott Foresman 1

Mira cada par de dibujos.
Encierra en un círculo el dibujo que muestra algo que
puede ser real.
Escribe una oración que describa el dibujo que has escogido.

1.

2. _____

3.

4. _____

Haz un dibujo que muestre algo que podría ocurrir.
Escribe una oración que describa el dibujo.

5.

Notas para el hogar: Su hijo o hija escogió entre sucesos que podrían ocurrir y sucesos que son imposibles.
Actividad para el hogar: Lea un cuento con su hijo o hija y pregúntele qué partes del cuento podrían ocurrir
de verdad y cuáles no.

© Scott Foresman 1

Nombre _____

Un **verbo** es una palabra que indica
una acción.
Llama es un verbo.

María **llama** a Pedro.

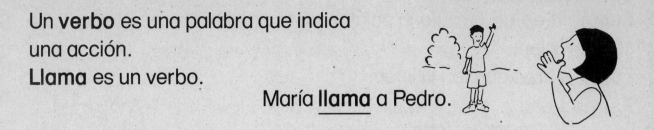

Encierra en un círculo el verbo en cada oración.
Une con una línea cada oración y el dibujo que corresponde.

1. El zorro sigue al gato.   6.

2. El gato salta el muro.   7.

3. El zorro para frente al muro.   8.

4. El gato sube al muro.   9.

5. El gato se ríe.   10.

Notas para el hogar: Su hijo o hija señaló palabras que indican acciones y unió oraciones con dibujos.
Actividad para el hogar: Escriban juntos seis verbos en tiras de papel. Túrnense escogiendo un verbo y representando la acción que indica. El otro adivina cuál es el verbo.

© Scott Foresman 1

Encierra en un círculo la palabra de la casilla que completa cada oración.
Escribe la palabra en la línea.

perro   lado
_____
- - - - - - - - - - - - - -

1. Un _____ camina por el bosque.

entonces   zorro
_____
- - - - - - - - - - - - - -

2. Hay un _____ entre los árboles.

lado   del
_____
- - - - - - - - - - - - - -

3. El perro mira para un _____ .

Entonces   Lado
_____
- - - - - - - - - - - - - -

4. _____ el zorro corre.

perro   del
_____
- - - - - - - - - - - - - -

5. Ellos corren hasta el final _____ bosque.

Notas para el hogar: Esta semana su hijo o hija está aprendiendo a leer las palabras *del, lado, zorro, entonces* y *perro*. **Actividad para el hogar:** Ayude a su hijo o hija a escribir un cuento corto usando las palabras. Pídale que las lea en voz alta.

Nombre _____

Escoge una combinación de letras de la casilla para completar cada palabra.

Escribe las letras en la línea.

| rc | rf | rt | rp | rb |

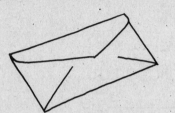

ca__rta

pe__rs__ona

arco

1.

co_____ar

2.

ci_____o

3.

pe_____ume

4.

co_____ata

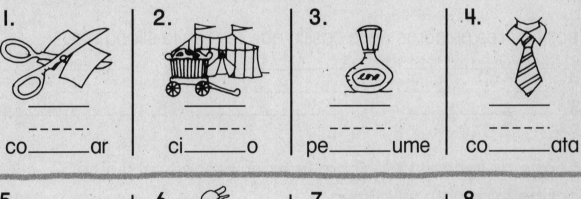

5.

ce_____a

6.

depo_____ista

7.

ca_____eta

8.

ca_____el

Busca la palabra que tenga **r** antes de una consonante.

Rellena el ⬭ de tu respuesta.

9. ⬭ persigue

⬭ perro

⬭ pirata

10. ⬭ maestro

⬭ rosa

⬭ marco

Notas para el hogar: Su hijo o hija ha repasado palabras con *r* antes de una consonante. *Actividad para el hogar:* Ayude a su hijo o hija a escribir oraciones sencillas que contengan palabras con estas letras.

© Scott Foresman 1

| torre | zapato | burro | zorro | taza | gorro |

Escribe dos palabras de la casilla que tengan la sílaba **za**.

1. _____

2. _____

Escribe tres palabras de la casilla que tengan la sílaba **rro**.

3. _____

4. _____

5. _____

Escoge de la casilla la palabra que corresponde al dibujo.
Escribe la palabra en la línea.

6. _____

Escoge de la casilla la palabra que corresponde al crucigrama.
Escribe la palabra en el crucigrama.

| zona | perro |

Notas para el hogar: Su hijo o hija está aprendiendo a escribir palabras con *rra, rre, rri, rro, rru, za, zo* o *zu*. **Actividad para el hogar:** Escriba un cuento con su hijo o hija acerca de un burro, un zorro y un perro que viven en una torre. Pídale luego que haga algunos dibujos para el cuento.

© Scott Foresman 1

10 Ortografía: Palabras con *rra, rre, rri, rro, rru, za, zo, zu*   **Nivel 1.4**

Nombre _____

Lee la oración.
Subraya el verbo.
Escribe el verbo en la línea.

1. Danilo prepara un pastel.
   _____
   - - - - - - - - - - -
   _____

2. Mamá come el pastel.
   _____
   - - - - - - - - - - -
   _____

3. Danilo llama a su papá.
   _____
   - - - - - - - - - - -
   _____

4. Papá corre rápido a casa.
   _____
   - - - - - - - - - - -
   _____

5. Papá pide más pastel.
   _____
   - - - - - - - - - - -
   _____

Notas para el hogar: Su hijo o hija identificó y escribió verbos (palabras que indican acciones). *Actividad para el hogar:* Lea un cuento con su hijo o hija y pídale que señale los verbos. Después, hagan una lista con algunos verbos y representen las acciones que indican.

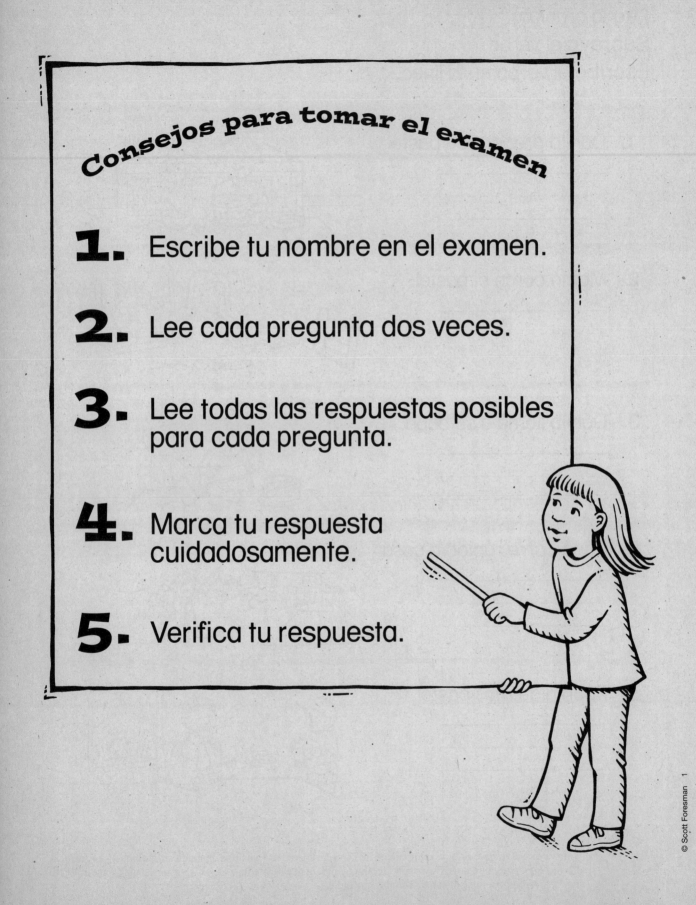

Consejos para tomar el examen

1. Escribe tu nombre en el examen.

2. Lee cada pregunta dos veces.

3. Lee todas las respuestas posibles para cada pregunta.

4. Marca tu respuesta cuidadosamente.

5. Verifica tu respuesta.

© Scott Foresman 1

Parte I: Vocabulario

Lee cada oración.
Rellena el ⬭ de tu respuesta.

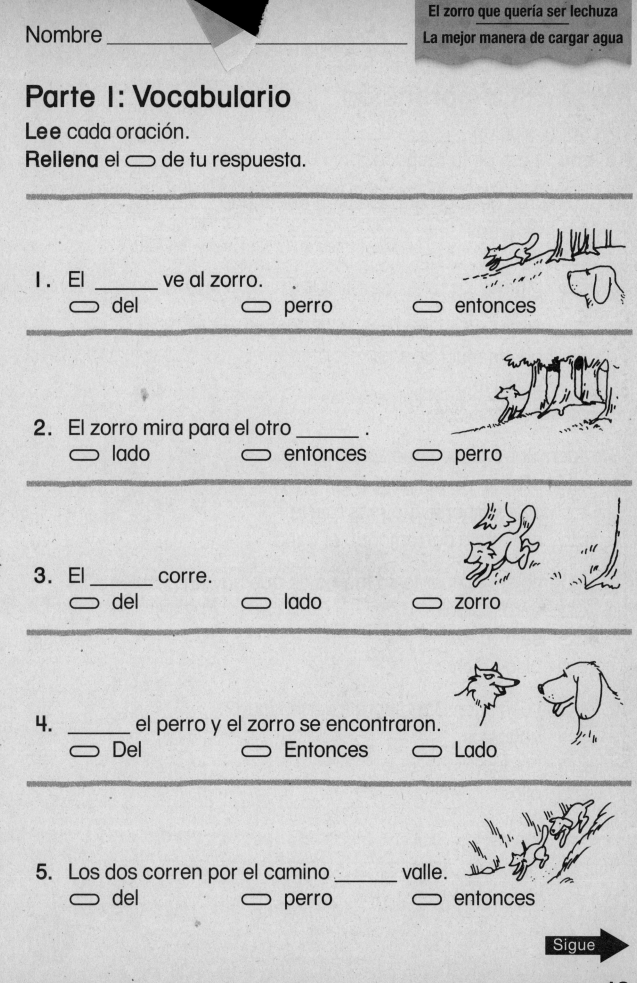

1. El _____ ve al zorro.
   ⬭ del   ⬭ perro   ⬭ entonces

2. El zorro mira para el otro _____ .
   ⬭ lado   ⬭ entonces   ⬭ perro

3. El _____ corre.
   ⬭ del   ⬭ lado   ⬭ zorro

4. _____ el perro y el zorro se encontraron.
   ⬭ Del   ⬭ Entonces   ⬭ Lado

5. Los dos corren por el camino _____ valle.
   ⬭ del   ⬭ perro   ⬭ entonces

Sigue ➡

Parte 2: Comprensión

Lee cada oración.

Rellena el ⬭ de tu respuesta.

6. La mamá de Juan Bobo le pide que traiga _____
   - ⬭ plátanos.
   - ⬭ agua.
   - ⬭ platos.

7. Juan Bobo no quiere usar los baldes porque _____
   - ⬭ pesan mucho.
   - ⬭ están lejos.
   - ⬭ están sucios.

8. Juan Bobo piensa que _____
   - ⬭ el agua no pesa mucho.
   - ⬭ se está poniendo más fuerte.
   - ⬭ se le está derramando el agua.

9. ¿Cómo se da cuenta su mamá de que hay un problema?
   - ⬭ mira los baldes
   - ⬭ se tropieza
   - ⬭ pisa un charco

10. ¿Qué usa Juan Bobo para traer el agua?
    - ⬭ canastas
    - ⬭ baldes
    - ⬭ ollas

Nombre _____

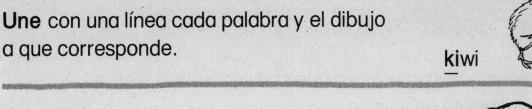

Une con una línea cada palabra y el dibujo
a que corresponde.

kiwi

1. karate

2. kilo

3. koala

4. kimono

5.

6.

7.

8. 1kg

Busca las palabras que comiencen con **ka, ke, ki, ko** o **ku**.
Rellena el ⬭ de tu respuesta.

9. ⬭ kilómetro
⬭ bosque
⬭ camino

10. ⬭ colina
⬭ kinder
⬭ camino

Notas para el hogar: Su hijo o hija ha repasado palabras con *ka, ke, ki, ko* y *ku*. ***Actividad para el hogar:*** Lea a su hijo o hija un artículo de periódico. Pídale que busque las palabras que contengan *ka, ke, ki, ko* y *ku*.

© Scott Foresman 1

gorro   zapato   calabaza   torre   zorrillo   burro

Escoge de la casilla la palabra que corresponde al dibujo.
Escribe la palabra en la línea.

1.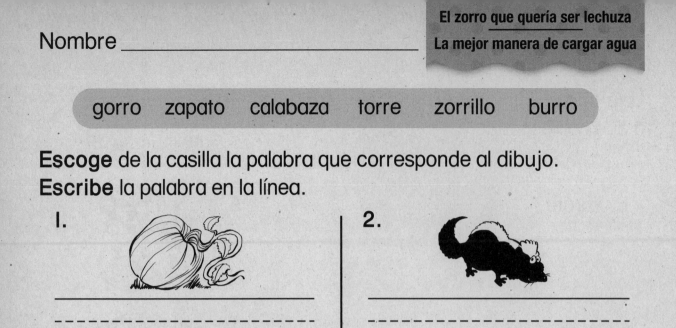
_____
- - - - - - - - - -
_____

2.
_____
- - - - - - - - - -
_____

3.
_____
- - - - - - - - - -
_____

4.
_____
- - - - - - - - - -
_____

5.
_____
- - - - - - - - - -
_____

6.
_____
- - - - - - - - - -
_____

Pon las letras en el orden correcto para formar una palabra
de la casilla.

taza   zona

Escribe la palabra en la línea.

_____
- - - - - - -
7. znoa   _____

_____
- - - - - - -
8. aazt   _____

Notas para el hogar: Su hijo o hija está aprendiendo a escribir palabras con *rra, rre, rri, rro, rru, za, zo* o *zu*.
Actividad para el hogar: Jueguen juntos a un juego de adivinanzas. Mientras uno de ustedes entrega pistas,
el otro nombra y deletrea de manera correcta las palabras de ortografía.

En familia

La hamaca de la vaca

Ceci habla con su abuelo

La cena

Hugo, el búho, serio cenaba
en el lomo de una cebra.
Y como la cebra heno cenaba,
invitó a la cigarra.

La cigarra albahaca cenaba
en el lomo de un cebú.
Y como el cebú cerezas cenaba,
invitó al hipopótamo.

El hipopótamo hojas cenaba
al lado de una cigüeña.
Y como todos bien la pasaban,
empezaron una fiesta.

Esta rima incluye palabras que su hijo o hija ha practicado en la escuela: palabras con *ce, ci, ha, he, hi, ho* o *hu*. Escriba con su hijo o hija una lista con todas las palabras con estas sílabas que aparezcan en la rima.

(doblar aquí)

Nombre: _____

Usted es el mejor maestro de su hijo o hija, ¡y el más importante!

Aquí tiene una serie de actividades para ayudar a su hijo o hija con las distintas destrezas de una manera divertida.

Día 1 Escriba una palabra sencilla que comience por *ce-* o por *ci-*, como *cine*. Pida a su hijo o hija que escriba una palabra que comience con la misma sílabas.

Día 2 Ayúdele a escribir oraciones sencillas que contengan las siguientes palabras: *hormiga, cerco, había, llevar y le.*

Día 3 Pídale que compare cosas de su propia vida con las de la vida de los personajes de un cuento que le guste.

Día 4 Su hijo o hija está aprendiendo a leer en grupo. Pídale que lea la rima de la página 1, y después léanla juntos.

Día 5 Ayúdele a escribirle una carta a su mejor amigo o amiga. Utilicen verbos con sujetos en singular para escribir oraciones, como *Papá lee* o *Paco corre.*

¡Lea con su hijo o hija TODOS LOS DÍAS!

Monedas y sílabas

Materiales   papel, 1 moneda

Instrucciones del juego

1. Haga un tablero de juego grande como el de la
página siguiente.

2. Por turnos, los jugadores lanzan la moneda sobre el
tablero de juego y dicen una palabra que contenga la
sílaba de la casilla en donde cayó la moneda.

3. Si el jugador responde correctamente, obtendrá el
número de puntos que señale la casilla en donde esté
su moneda.

4. ¡El primer jugador que obtenga 10 puntos es
el ganador!

ce 1	ha 2	hi 3	ci 1
he 2	ci 3	hu 1	ce 2
ci 3	ho 1	ha 2	ce 3
ho 1	ce 2	ha 3	ci 1

Nombre _____

Ayuda a la niña a encontrar su cena.
Colorea cada casilla que tenga **ce** o **ci**.
Escribe cada palabra que coloreaste en la línea.

cebolla
cine
hace
calle
cero
carro
casa
cima
campo
semana
oficina
mesa
comida
cama
maceta
color
cita
cena

1. _____

2. _____

3. _____

4. _____

5. _____

6. _____

7. _____

8. _____

Notas para el hogar: Su hijo o hija ha estado practicando palabras con *ce* y *ci*. ***Actividad para el hogar:*** Ayude a su hijo o hija a hacer una lista de palabras que contengan estas sílabas.

Nivel 1.4

Fonética: Sílabas *ce, ci* **19**

© Scott Foresman 1

Di la palabra que corresponde a cada dibujo.
Escribe en la línea la sílaba para completar la palabra.

ha   he   hi   ho   hu

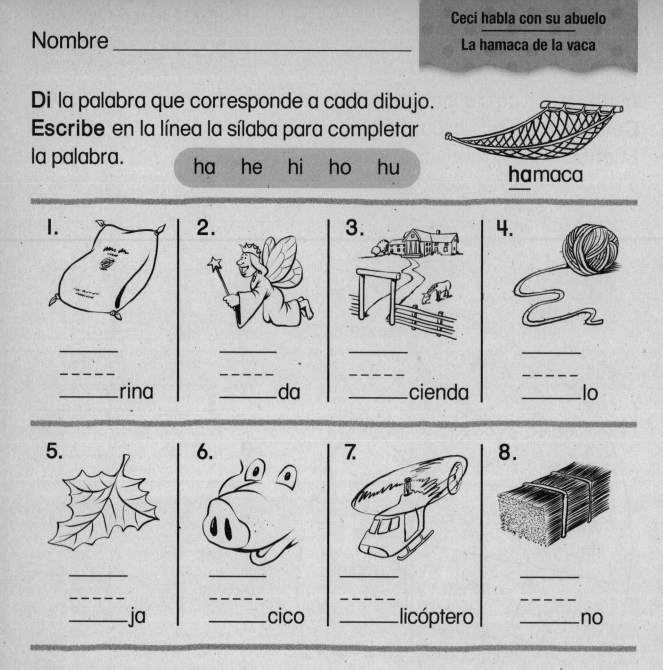

ha maca

1.

_____ rina

2.

_____ da

3.

_____ cienda

4.

_____ lo

5.

_____ ja

6.

_____ cico

7.

_____ licóptero

8.

_____ no

Dibuja lo siguiente.

9. helado

10. hipopótamo

Notas para el hogar: Su hijo o hija ha estado practicando palabras con *ha, he, hi, ho* y *hu*. **Actividad para el hogar:** Pida a su hijo o hija que busque objetos en el hogar que tengan estas sílabas.

Nombre _____

Escoge una palabra de la casilla para completar cada oración.
Escribe la palabra en la línea.

| llevar | cerco | le | Había | hormiga |

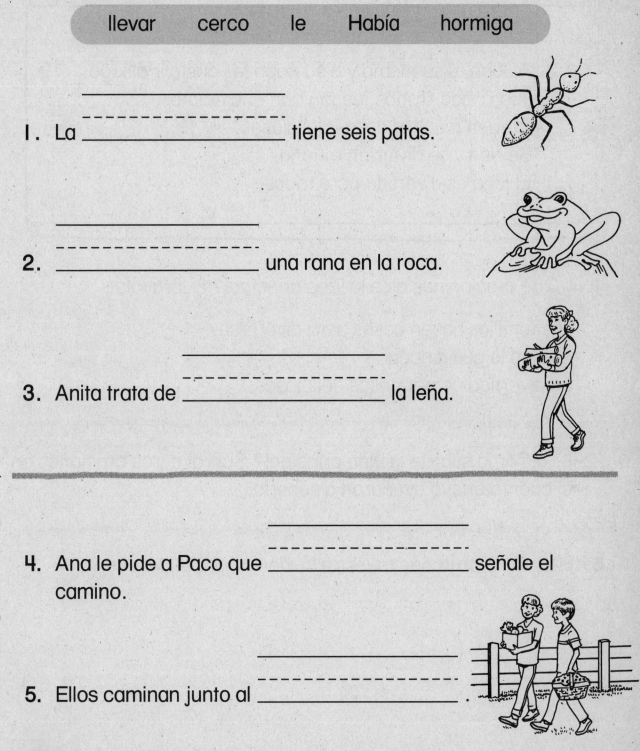

1. La _____ tiene seis patas.

2. _____ una rana en la roca.

3. Anita trata de _____ la leña.

4. Ana le pide a Paco que _____ señale el camino.

5. Ellos caminan junto al _____ .

Notas para el hogar: Esta semana su hijo o hija está aprendiendo a leer las palabras *hormiga*, *cerco*, *había*, *llevar* y *le*. **Actividad para el hogar:** Ayude a su hijo o hija a escribir o indicar las oraciones que incluyan estas palabras.

Nombre _____

Lee el cuento.

Sigue las instrucciones abajo.

El lago es divertido

A Juan, a su mamá y a su papá les gusta ir al lago.

Juan nada. Todos juegan con una pelota.

Comen muchas cosas deliciosas.

Se ríen y se divierten mucho.

El lago es divertido para todos.

I. ¿Qué oración nos dice la idea principal? Subráyala.

Las familias hacen cosas para divertirse.

A Juan le gusta nadar.

Es divertido comer cosas deliciosas.

2.–4. ¿Cómo supiste la idea principal? Subraya tres oraciones en el cuento que te ayudaron a saberlo.

5. **Haz un dibujo** que muestre la idea principal del cuento.

Notas para el hogar: Su hijo o hija identificó el tema, o la idea principal, de un cuento. *Actividad para el hogar:* Lea un cuento con su hijo o hija. Hablen sobre la idea principal del cuento. Ayude a su hijo o hija a relacionar esa idea con su propia vida.

Un **verbo** es una palabra que indica una acción.

1. Yo **juego** con una pelota.
2. Tú **juegas** con una pelota.
3. Jaime **juega** con una pelota.

1. Yo **corro**.
2. Tú **corres**.
3. Mi mamá **corre**.

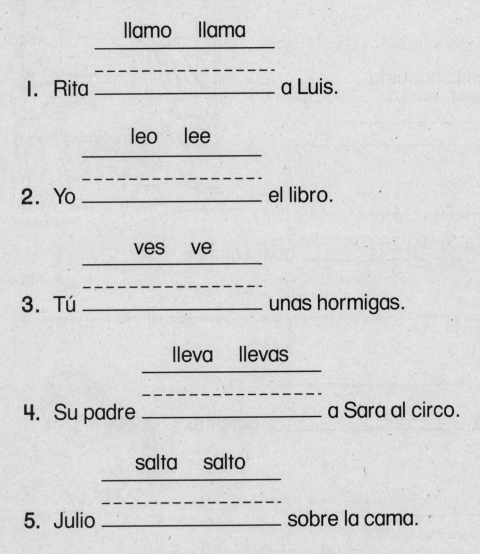

Encierra en un círculo el verbo para completar cada oración.
Escribe el verbo en la línea.

llamo   llama
_____
- - - - - - - - - -

1. Rita _____ a Luis.

leo   lee
_____
- - - - - - - - - -

2. Yo _____ el libro.

ves   ve
_____
- - - - - - - - - -

3. Tú _____ unas hormigas.

lleva   llevas
_____
- - - - - - - - - -

4. Su padre _____ a Sara al circo.

salta   salto
_____
- - - - - - - - - -

5. Julio _____ sobre la cama.

© Scott Foresman 1

Notas para el hogar: Su hijo o hija escribió verbos con un sujeto singular. *Actividad para el hogar:* Ayude a su hijo o hija a escribir e ilustrar un cuento sobre un niño o niña. Luego pídale que subraye los verbos que ha usado.

Nombre _____

Escoge una palabra de la casilla para completar cada oración.
Escribe la palabra en la línea.

cerco	Había	hormiga	le	llevar

1. Yo ayudo a _____ el almuerzo.

2. Papá pone la chaqueta

   _____

   sobre el _____ .

3. A papá _____ gusta comer.

———————————————————————

4. Vemos una _____ gigante.

5. _____ mucha gente en el parque.

Notas para el hogar: Esta semana su hijo o hija está aprendiendo a leer las palabras *hormiga, cerco, había, llevar* y *le*. **Actividad para el hogar:** Recuerde con su hijo o hija alguna vez que fueron de picnic. Escriban juntos oraciones acerca del picnic usando tantas palabras del vocabulario como sea posible.

Nombre _____

Lee el contenido.

Escribe una respuesta para cada pregunta.

Contenido

Capítulo 1   Las comidas que prepara Mamá   Página   3
Capítulo 2   Las comidas que prepara Papá   Página   9
Capítulo 3   Comidas de otros lugares   Página 16
Capítulo 4   Nota del autor   Página 22

1. ¿Cuántos capítulos hay en el libro? _____

2. ¿En qué página empieza el Capítulo 1? _____

3. ¿Qué capítulo sigue después de Las comidas que prepara Mamá?

_____

_____

4. ¿En qué página empieza Comidas de otros lugares? _____

5. ¿Qué hay en la página 22?

_____

_____

Notas para el hogar: Su hijo o hija leyó una tabla de contenido. *Actividad para el hogar:* Antes de leer con su hijo o hija un libro con capítulos, miren juntos la tabla de contenido. Hablen sobre los títulos de los capítulos, el número de páginas de cada capítulo y cualquier otra información que esté incluida.

Nombre _____

Encierra en un círculo la palabra que corresponde a cada dibujo.

zapato   cabe**za**

1.
calabaza
cebolla

2.
casa
taza

3.
choza
saco

4.
zorro
cerro

5.
semana
zoológico

6.
pozo
silla

7.
sopa
tiza

8.
lazo
pesa

Busca la palabra que tenga **za**, **zo** o **zu**.
Rellena el ⬭ de tu respuesta.

9.
⬭ rizo
⬭ sal
⬭ sombra

10.
⬭ sonido
⬭ erizo
⬭ pescado

 Notas para el hogar: Su hijo o hija ha repasado palabras con *za, zo* y *zu*. ***Actividad para el hogar:*** Vea la televisión sin volumen con su hijo o hija. Pídale que haga una lista de palabras de objetos que observó que contengan alguna de estas sílabas.

Nombre _____

| cena | hilo | Había | humo | hoja | vecino |

Escoge de la casilla la palabra y la oración a que corresponde.
Escribe la palabra en la línea.

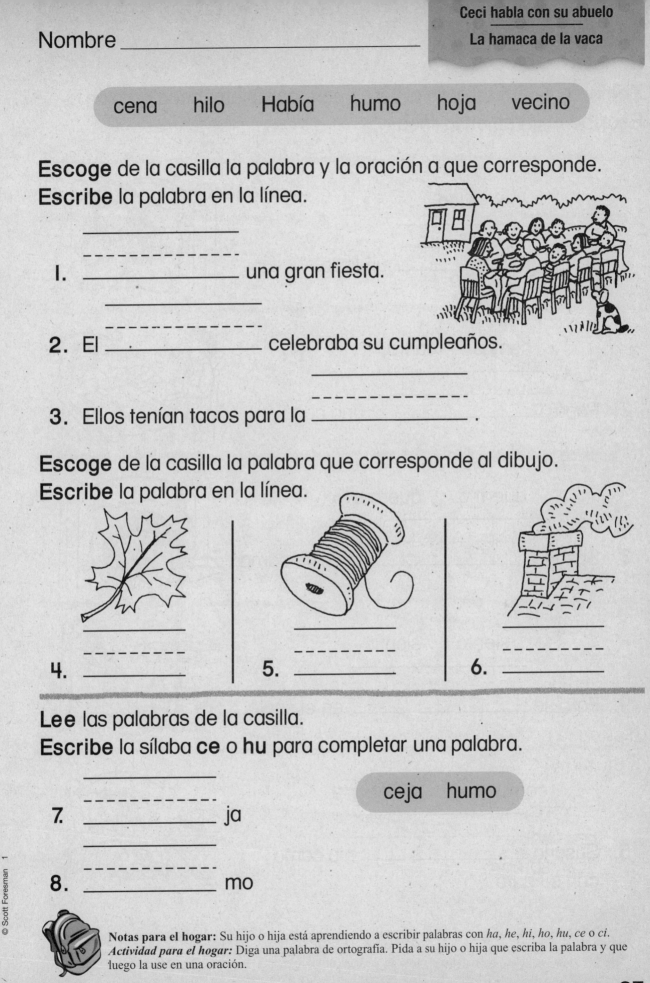

_____

1. _____ una gran fiesta.

_____

2. El _____ celebraba su cumpleaños.

_____

3. Ellos tenían tacos para la _____ .

Escoge de la casilla la palabra que corresponde al dibujo.
Escribe la palabra en la línea.

4. _____

5. _____

6. _____

Lee las palabras de la casilla.
Escribe la sílaba **ce** o **hu** para completar una palabra.

| ceja | humo |

7. _____ ja

8. _____ mo

Notas para el hogar: Su hijo o hija está aprendiendo a escribir palabras con *ha, he, hi, ho, hu, ce* o *ci*.
Actividad para el hogar: Diga una palabra de ortografía. Pida a su hijo o hija que escriba la palabra y que luego la use en una oración.

Encierra en un círculo el verbo para completar cada oración.
Escribe el verbo en la línea.

lee   leo

_____
- - - - - - - - - - - - - - - - -

1. Yo _____ un libro.

cantas   canta

_____
- - - - - - - - - - - - - - - - -

2. Papá _____ una canción.

duermo   duerme

_____
- - - - - - - - - - - - - - - - -

3. Susana _____ en su cama.

sienta   siento

_____
- - - - - - - - - - - - - - - - -

4. Fofo se _____ en el suelo.

compartes   comparte

_____
- - - - - - - - - - - - - - - - -

5. Susana _____ la cama
con su gato.

Notas para el hogar: Su hijo o hija escogió verbos para indicar las acciones de una persona o animal.
Actividad para el hogar: Pida a su hijo o hija que diga oraciones sobre cada una de las personas de su familia. Pídale que indique el verbo de cada una de las oraciones.

© Scott Foresman 1

Parte 1: Vocabulario

Lee cada oración.
Rellena el ⊂⊃ de tu respuesta.

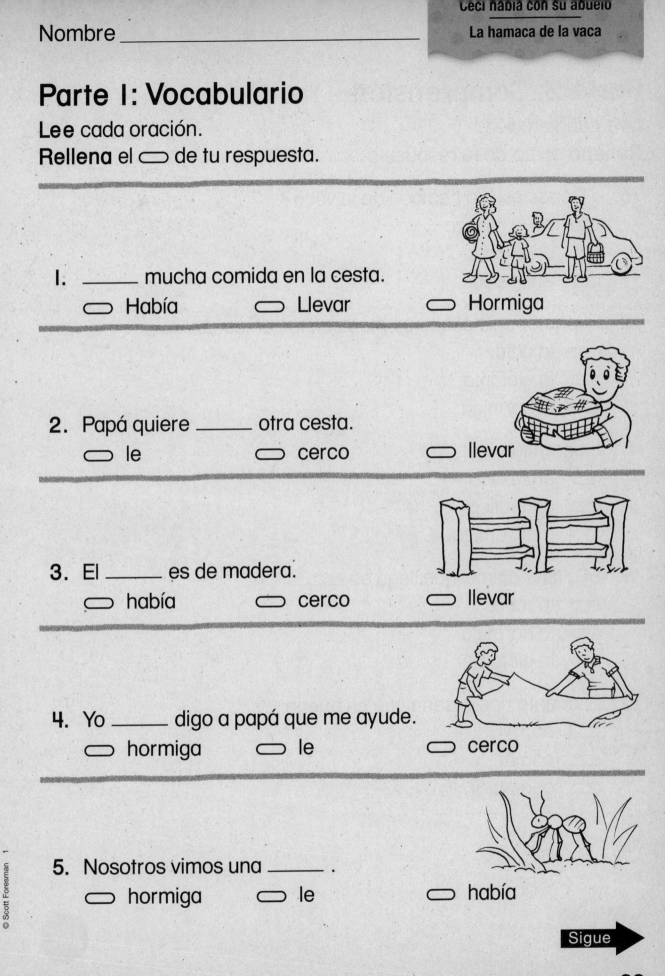

1. _____ mucha comida en la cesta.
   ⊂⊃ Había   ⊂⊃ Llevar   ⊂⊃ Hormiga

2. Papá quiere _____ otra cesta.
   ⊂⊃ le   ⊂⊃ cerco   ⊂⊃ llevar

3. El _____ es de madera.
   ⊂⊃ había   ⊂⊃ cerco   ⊂⊃ llevar

4. Yo _____ digo a papá que me ayude.
   ⊂⊃ hormiga   ⊂⊃ le   ⊂⊃ cerco

5. Nosotros vimos una _____ .
   ⊂⊃ hormiga   ⊂⊃ le   ⊂⊃ había

Sigue ➡

Parte 2: Comprensión

Lee cada oración.

Rellena el ⬭ de tu respuesta.

6. ¿Dónde está la hamaca de la vaca?
    - ⬭ en la terraza
    - ⬭ en el patio
    - ⬭ en la sala

7. El primer animal que se mece en la hamaca es _____
    - ⬭ la gata.
    - ⬭ la elefanta.
    - ⬭ la hormiga.

8. La hormiga es _____
    - ⬭ amable.
    - ⬭ antipática.
    - ⬭ mala amiga.

9. El último animal que llega es _____
    - ⬭ la rana.
    - ⬭ la hormiga.
    - ⬭ la elefanta.

10. El cuento nos enseña que es bueno _____
    - ⬭ dormir.
    - ⬭ comer.
    - ⬭ compartir.

Nombre _____

Escribe **rr** para completar cada palabra.
Une con una línea la palabra que
corresponde a la oración.

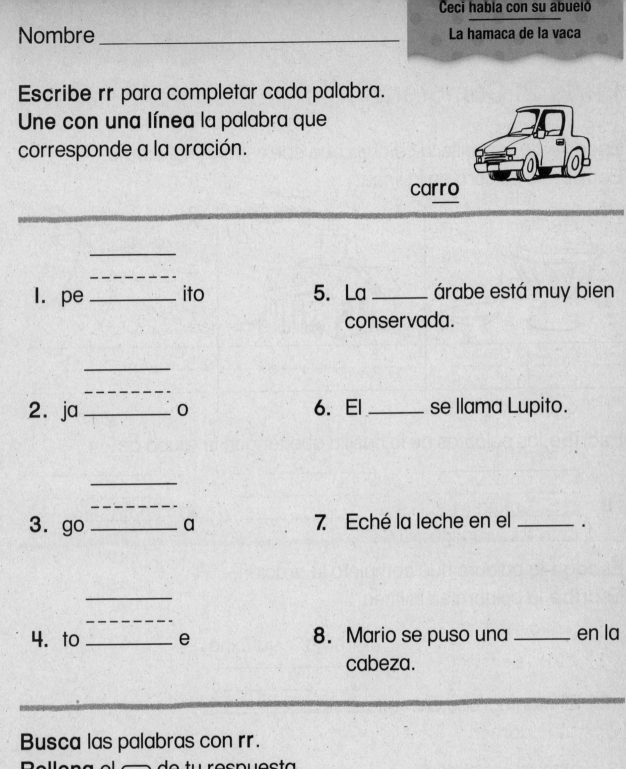

ca**rr**o

---

1. pe _____ ito

2. ja _____ o

3. go _____ a

4. to _____ e

5. La _____ árabe está muy bien conservada.

6. El _____ se llama Lupito.

7. Eché la leche en el _____ .

8. Mario se puso una _____ en la cabeza.

Busca las palabras con **rr**.
Rellena el ⬭ de tu respuesta.

9. ⬭ carta
   ⬭ urraca
   ⬭ corcho

10. ⬭ arriba
    ⬭ radio
    ⬭ remo

Notas para el hogar: Su hijo o hija ha repasado palabras con *rra, rre, rri, rro* y *rru. **Actividad para el hogar:*** Pida a su hijo o hija que escriba un pequeño poema con las palabras que vio en este repaso.

Nombre _____

| ceja | humo | cena | hoja | cebolla | helado |

Escoge de la casilla la palabra que corresponde al dibujo.
Escribe la palabra en la línea.

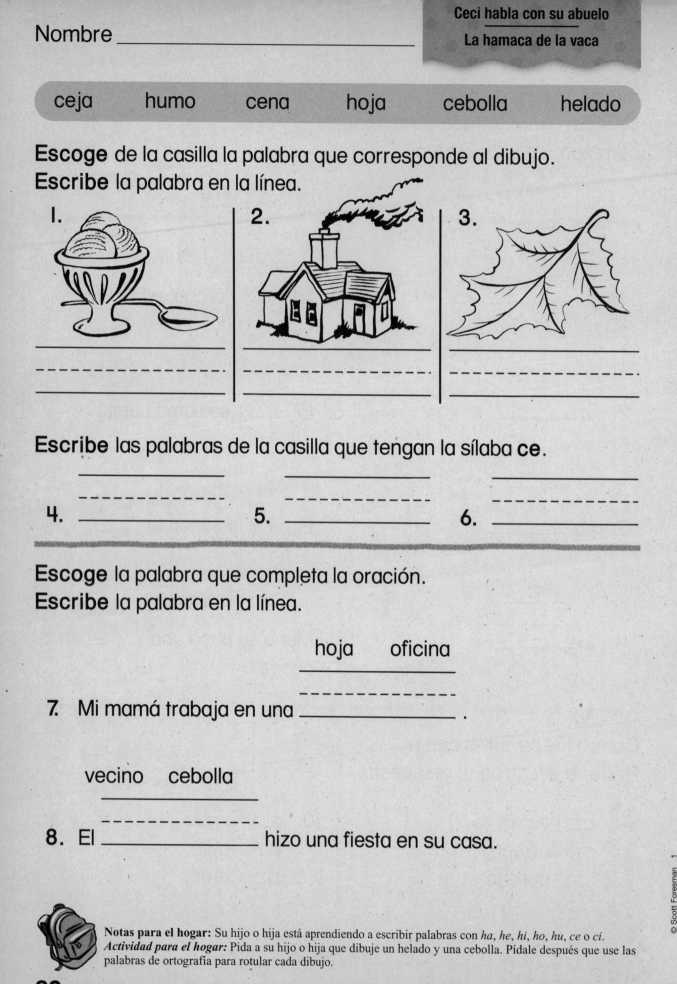

I. _____

2. _____

3. _____

Escribe las palabras de la casilla que tengan la sílaba **ce**.

4. _____

5. _____

6. _____

Escoge la palabra que completa la oración.
Escribe la palabra en la línea.

hoja   oficina

7. Mi mamá trabaja en una _____ .

vecino   cebolla

8. El _____ hizo una fiesta en su casa.

Notas para el hogar: Su hijo o hija está aprendiendo a escribir palabras con *ha, he, hi, ho, hu, ce* o *ci.*
Actividad para el hogar: Pida a su hijo o hija que dibuje un helado y una cebolla. Pídale después que use las palabras de ortografía para rotular cada dibujo.

© Scott Foresman 1

Usted es el mejor maestro de su hijo o hija, ¡y el más importante!

Aquí tiene una serie de actividades para ayudar a su hijo o hija con las distintas destrezas de una manera divertida.

Día 1 Ayude a su hijo o hija a dibujar objetos que contengan el sonido suave *r* en *ra, re, ri, ro o ru*, como *pájaro*, y palabras con *xa, xe, xi, xo y xu*.

Día 2 Pídale que escriba una nota de agradecimiento sencilla que contenga las palabras *pero, querer, nos, así y nuestro*.

Día 3 Su hijo o hija está aprendiendo lo que es la idea principal de un cuento. Cuando lean juntos, pídale que le diga con una o dos oraciones cuál es la idea principal de ese cuento.

Día 4 Ayúdele a escribir un cuento sencillo sobre la familia que describa a cada uno de sus miembros.

Día 5 Pídale que mencione algunos *verbos*. Después, pídale que escriba esos verbos en oraciones sencillas en las que hable sobre varios miembros de su familia. Ejemplo: *Mi papá y yo cantamos. Mis hermanos corren.*

¡Lea con su hijo o hija TODOS LOS DÍAS!

4

En familia

La visita de Ximena y Arturo Nuestra reunión familiar

Sara, Tere, Piri y Nora

¡Vamos, primos!
Sara, Tere, Piri y Nora.
¡Vamos, primos!
Y Clarita, Ciro y yo.

Cumple años hoy Ximena,
Sara, Tere, Piri y Nora.
Y Xavier le hará una cena,
y Clarita, Ciro y yo.

¿Qué regalos le daremos,
Sara, Tere, Piri y Nora?
¿Qué regalos le daremos,
Clarita, Ciro y yo?

Esta rima incluye palabras que su hijo o hija ha practicado en la escuela: palabras con *ra, re, ri, ro, ru* (con el sonido suave *r*), *xa, xe, xi, xo o xu* (con el sonido de la *x* como *j* principalmente). Reciten juntos la rima. Hablen sobre todas las actividades divertidas que se pueden hacer en casa.

(doblar aquí)

Nombre: _____

1

Gira la ruleta

Materiales papel, sujetapapeles, lápiz, marcador, 1 ficha por jugador

Instrucciones del juego

1. Haga una ruleta sencilla como la de la abajo. Los jugadores colocan sus fichas en la casilla de **Salida**.

2. Por turnos, los jugadores giran la ruleta, avanzando por el tablero el número de casillas que obtengan en la ruleta.

3. Cada jugador lee la palabra de la casilla en donde caiga. Si el jugador sabe otra palabra que contenga la sílaba que aparece en negrita, podrá girar la ruleta una vez más.

4. ¡El primer jugador que llegue a la casilla de **Meta** será el ganador!

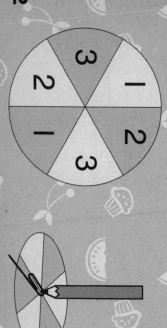

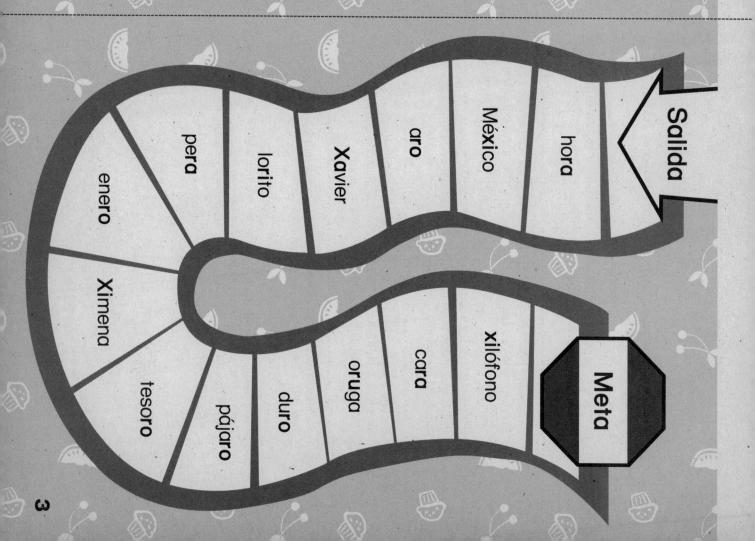

Salida

hora

México

aro

Xavier

lorito

pera

enero

Ximena

tesoro

pájaro

duro

oruga

cara

xilófono

Meta

Nombre _____

Encierra en un círculo la palabra
que complete la oración.
Escribe la palabra en la línea.

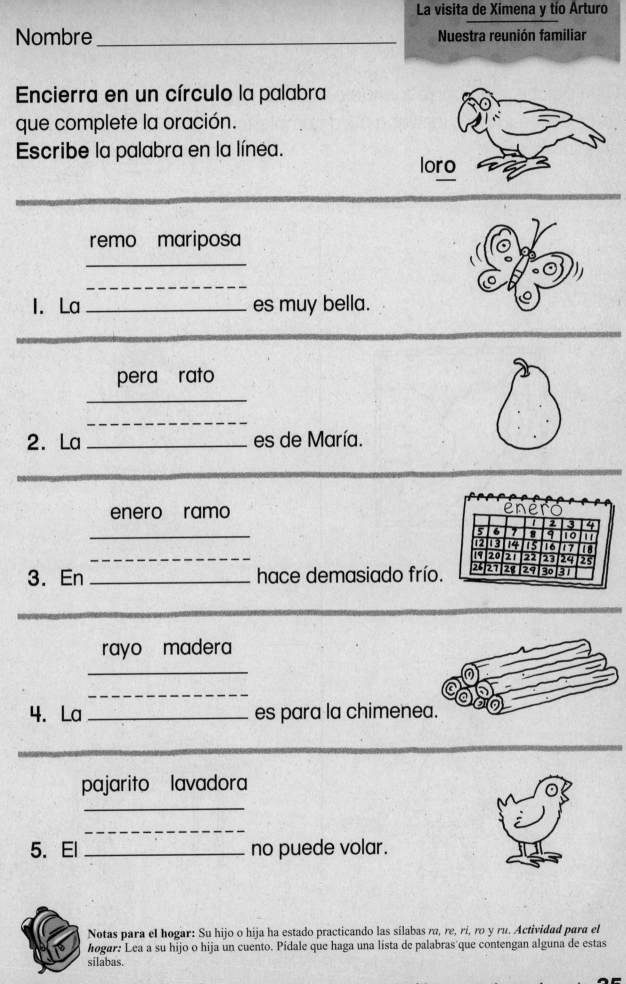

lo**ro**

remo   mariposa

_____

- - - - - - - - - - - -

1. La _____ es muy bella.

pera   rato

_____

- - - - - - - - - - - -

2. La _____ es de María.

enero   ramo

_____

- - - - - - - - - - - -

3. En _____ hace demasiado frío.

rayo   madera

_____

- - - - - - - - - - - -

4. La _____ es para la chimenea.

pajarito   lavadora

_____

- - - - - - - - - - - -

5. El _____ no puede volar.

Notas para el hogar: Su hijo o hija ha estado practicando las sílabas *ra, re, ri, ro* y *ru*. *Actividad para el hogar:* Lea a su hijo o hija un cuento. Pídale que haga una lista de palabras que contengan alguna de estas sílabas.

© Scott Foresman 1

Nivel 1.4

Fonética: r suave (*ra, re, ri, ro, ru*) **35**

Nombre _____

Di la palabra que corresponde a cada dibujo.
Escribe en la línea la sílaba para completar
la palabra.

ta**xi**

I.

_____
- - - - -
Mé_____co

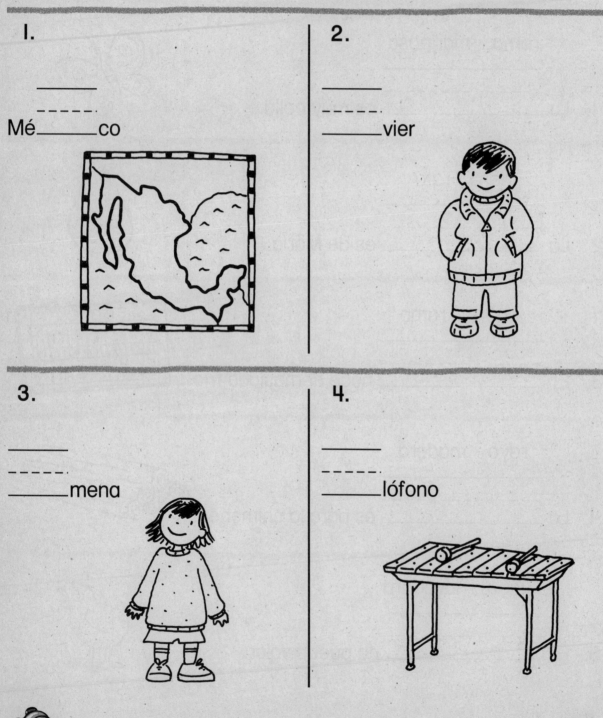

2.

_____
- - - - -
_____vier

3.

_____
- - - - -
_____mena

4.

_____
- - - - -
_____lófono

Notas para el hogar: Su hijo o hija ha estado practicando palabras con *xa, xe, xi, xo* y *xu*. **Actividad para el hogar:** Pida a su hijo o hija que busque objetos en el hogar que tengan estas sílabas.

Nivel 1.4

Nombre _____

Escoge una palabra de la casilla para completar cada oración.
Escribe la palabra en la línea.

nuestro   nos   Así   querer   Pero

_____
- - - - - - - - - - - - - - -
1. Siempre voy a _____ a mi abuela.

_____
- - - - - - - - - - - - - - -
2. Abuela y yo _____ abrazamos.

_____
- - - - - - - - - - - - - - -
3. _____ no veo la maleta de la abuela.

_____
- - - - - - - - - - - - - - -
4. Nosotros regresamos a _____ hogar.

_____
- - - - - - - - - - - - - - -
5. _____ estamos felices.

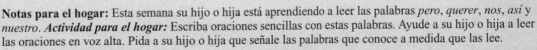

Notas para el hogar: Esta semana su hijo o hija está aprendiendo a leer las palabras *pero, querer, nos, así* y *nuestro. Actividad para el hogar:* Escriba oraciones sencillas con estas palabras. Ayude a su hijo o hija a leer las oraciones en voz alta. Pida a su hijo o hija que señale las palabras que conoce a medida que las lee.

Nombre _____

Lee los cuentos que se encuentran en esta página.
Encierra en un círculo la oración que expresa la idea
principal del cuento.
Haz un dibujo que muestre la idea principal.

1. Todos vinieron a mi casa.
   Pablo, Juana y Carlos vinieron.
   También Rosa y Miguel vinieron.
   Trajeron comida y juegos.

2.

3. Federico juega con su madre.
   Federico va de paseo con su padre.
   A veces leen libros juntos.
   Federico se divierte con
   su madre y su padre.

4.

Escribe un título para cada uno de los cuentos de arriba,
para indicar la idea principal.

5. _____
   _____
   _____
   _____
   _____

Notas para el hogar: Su hijo o hija identificó e ilustró la idea principal de dos cuentos. *Actividad para el hogar:* Anime a su hijo o hija a nombrar su cuento favorito. Pídale que le cuente brevemente de qué se trata.

Un **verbo** puede indicar lo que hacen más de una persona, animal o cosa.
Pon una **-n** a los verbos que expresan más de uno.

Corren a casa

Encierra en un círculo una palabra en ( ) para completar cada oración.
Haz un dibujo para cada oración.

1. Susana y Raúl (cocinan / cocina).

2. José y Pati (juega / juegan).

3. Las niñas (saltan / salta).

4. Mamá y Papá (come / comen).

5. Ellos (pasean / pasea) con el perro.

Notas para el hogar: Su hijo o hija completó oraciones escogiendo verbos para sujetos plurales. ***Actividad para el hogar:*** Haga una lista de verbos como *cantar, caminar* y *mirar.* Pida a su hijo o hija que use cada verbo en una oración que hable de más de una persona.

Escoge una palabra de la casilla para completar cada oración.
Escribe la palabra en la línea.

nuestro	nos	Así	querer	Pero

1. ¿Vas a _____ un helado?

2. Mis primos y yo _____ portamos bien.

3. _____ comenzamos la fiesta.

4. El abuelo prepara _____ almuerzo.

5. _____ papá lava los platos.

Notas para el hogar: Esta semana su hijo o hija está aprendiendo a leer vías palabras *pero*, *querer*, *nos*, *así* y *nuestro*. *Actividad para el hogar:* Ayude a su hijo o hija a escribir un cuento sobre una reunión familiar usando tantas palabras del vocabulario como sea posible.

© Scott Foresman 1

Nombre _____

Escoge una palabra de la siguiente casilla que corresponde al dibujo.
Escribe la palabra en la línea.

> zapato   cabeza   cepillo   pozo   cebra   taza   cine   cero

I.

2.

3.

4.

5.

6.

7.

8.

Busca la palabra que tenga **ce** o **za**.
Rellena el ⊂⊃ de tu respuesta.

9. ⊂⊃ ceja
   ⊂⊃ estrella
   ⊂⊃ sol

10. ⊂⊃ recitar
    ⊂⊃ caza
    ⊂⊃ regla

Notas para el hogar: Su hijo o hija ha repasado palabras con *za, zo, zu, ce* y *ci. Actividad para el hogar:*
Ayude a su hijo o hija a escribir oraciones sencillas que contengan palabras con estas sílabas.

Nombre _____

oreja   Pero   México   pera   Parece   cara

Escoge de la casilla la palabra que completa la oración.
Escribe la palabra en la línea.

_____

1. Nosotros iremos a _____ .

_____

2. _____ que México queda muy lejos.

_____

3. _____ , viajaremos por avión.

Escoge de la casilla la palabra que corresponde al dibujo.
Escribe la palabra en la línea.

4. _____   5. _____   6. _____

Lee las palabras de la casilla.
Escribe la sílaba **ra** o **ro** para completar una palabra.

_____

cara   toro

7. to _____

_____

8. ca _____

Notas para el hogar: Su hijo o hija está aprendiendo a escribir palabras con *ra, re, ri, ro, ru, xa, xe, xi, xo* o *xu*. **Actividad para el hogar:** Diga las palabras de ortografía. Pida a su hijo o hija que use las palabras en oraciones y que las escriba.

© Scott Foresman 1

Nombre _____

Encierra en un círculo el verbo que indica lo que hacen más de una persona.

Escribe el verbo en la línea para completar cada oración.

juegan   juega

_____

– – – – – – – – – – –

1. Las niñas _____ juntas.

corre   corren

_____

– – – – – – – – – – –

2. Carolina y Amanda _____ para esconderse.

esconde   esconden

_____

– – – – – – – – – – –

3. Ellas se _____ tras un arbusto.

necesitan   necesita

_____

– – – – – – – – – – –

4. Las niñas _____ más gente para el juego.

invita   invitan

_____

– – – – – – – – – – –

5. Las niñas _____ a Carlos y Guille a jugar.

Notas para el hogar: Su hijo o hija escogió verbos para indicar las acciones de más de una persona.
Actividad para el hogar: Pida a su hijo o hija que le cuente una historia sobre sus compañeros de clase. Anime a su hijo o hija a usar sujetos plurales (más de una persona) mientras cuenta.

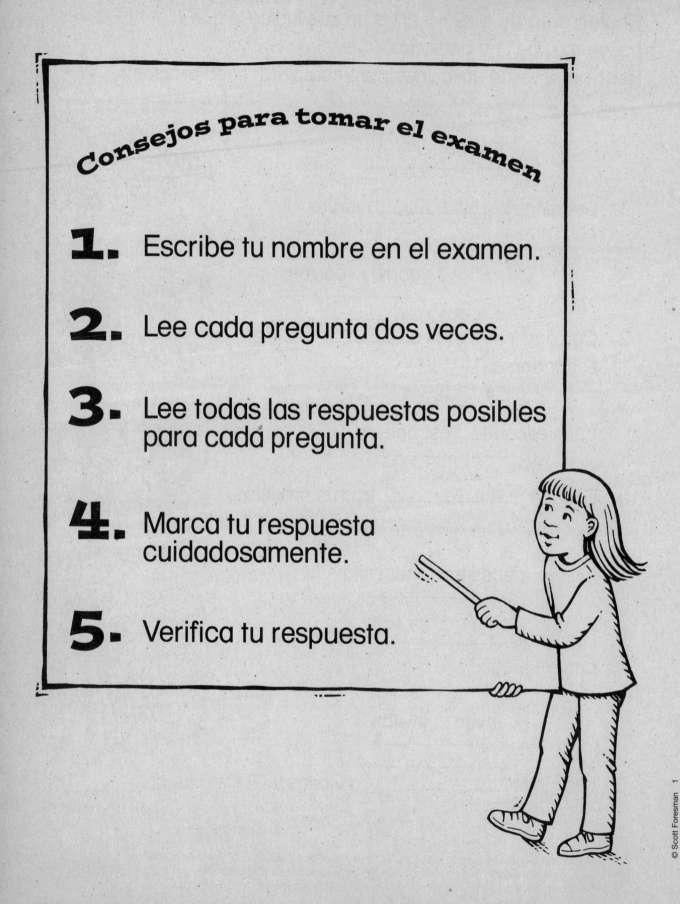

Consejos para tomar el examen

1. Escribe tu nombre en el examen.

2. Lee cada pregunta dos veces.

3. Lee todas las respuestas posibles para cada pregunta.

4. Marca tu respuesta cuidadosamente.

5. Verifica tu respuesta.

© Scott Foresman 1

Parte 1: Vocabulario

Lee cada oración.
Rellena el ⬭ de tu respuesta.

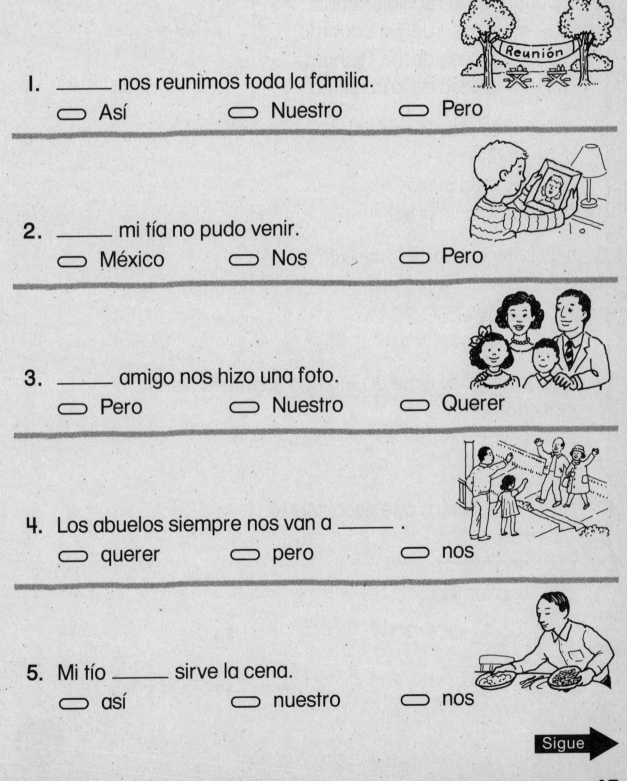

1. _____ nos reunimos toda la familia.
   - ⬭ Así
   - ⬭ Nuestro
   - ⬭ Pero

2. _____ mi tía no pudo venir.
   - ⬭ México
   - ⬭ Nos
   - ⬭ Pero

3. _____ amigo nos hizo una foto.
   - ⬭ Pero
   - ⬭ Nuestro
   - ⬭ Querer

4. Los abuelos siempre nos van a _____ .
   - ⬭ querer
   - ⬭ pero
   - ⬭ nos

5. Mi tío _____ sirve la cena.
   - ⬭ así
   - ⬭ nuestro
   - ⬭ nos

Sigue ➡

Part 2: Comprensión

Lee cada pregunta.
Rellena el ⬭ de tu respuesta.

6. ¿Dónde fue la reunión familiar?
   - ⬭ en la casa de Tío Eduardo
   - ⬭ en la casa de Tío Richard
   - ⬭ en la casa de la abuelita

7. ¿Qué hizo toda la familia?
   - ⬭ se divirtió
   - ⬭ llegó en carro
   - ⬭ trepó a un árbol

8. ¿Qué tiene un árbol familiar?
   - ⬭ ranas
   - ⬭ chistes
   - ⬭ nombres

9. ¿Cuántos años tiene el niño que cuenta la historia?
   - ⬭ tres
   - ⬭ seis
   - ⬭ diez

10. El niño habla más que nada sobre
    - ⬭ ranas.
    - ⬭ una foto.
    - ⬭ una familia.

Nombre _____

Escoge una palabra de la casilla.
Escribe la palabra correcta en la línea para completar la oración.

| hada   hacienda   heno   hoja |

1. El _____ del cuento se
   llama Min.

2. Esta _____ es muy linda.

3. El caballo come _____ .

4. Vamos a la _____ .

Busca la palabra con **ha**, **he**, **hi**, **ho** o **hu**.
Rellena el ⬭ de tu respuesta.

5. ⬭ hilo
   ⬭ ardilla
   ⬭ iluminar

6. ⬭ foco
   ⬭ espejo
   ⬭ hoyo

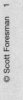

Notas para el hogar: Su hijo o hija ha repasado palabras con *ha, he, hi, ho* y *hu*. ***Actividad para el hogar:*** Ayude a su hijo o hija a escribir oraciones cortas usando estas sílabas.

Nombre _____

Escoge de la casilla la palabra que corresponde al dibujo.
Escribe la palabra en la línea.

| toro   mariposa   pera   arena   cara   oreja |

1.

_____
- - - - - - - - - - - - -
_____

2.

_____
- - - - - - - - - - - - -
_____

3.

_____
- - - - - - - - - - - - -
_____

4.

_____
- - - - - - - - - - - - -
_____

5.

_____
- - - - - - - - - - - - -
_____

6.

_____
- - - - - - - - - - - - -
_____

Escoge de la casilla la palabra que completa la oración.
Escribe la palabra en la línea.

| mexicano   México |

_____
- - - - - - - - - - - - -
7. Jorge vive en _____ .

_____
- - - - - - - - - - - - -
8. Él es _____ .

México

Notas para el hogar: Su hijo o hija está aprendiendo a escribir palabras con *ra, re, ri, ro, ru, xa, xe, xi, xo* o *xu*. *Actividad para el hogar:* Ayude a su hijo o hija a escribir un cuento corto acerca de un viaje usando las palabras de ortografía.

© Scott Foresman 1

Usted es el mejor maestro de su hijo o hija, ¡y el más importante!

Aquí tiene una serie de actividades para ayudar a su hijo o hija con las distintas destrezas de una manera divertida.

Día 1 Escriba en una lista algunas palabras que comiencen con la letra *s* seguida de una consonante (sílabas cerradas), como *estrella* o *isla*. Por turnos, escojan una palabra y escriban una oración sencilla.

Día 2 Pida a su hijo o hija que diga varias oraciones sencillas sobre sus amigos usando las palabras *después, escuela, ya, él y ese.*

Día 3 Léale un cuento a su hijo o hija. Pregúntele por qué piensa que el autor escribió el cuento.

Día 4 Su hijo o hija está aprendiendo a presentarse. Para practicar, pídale que se le presente a usted.

Día 5 Pídale que escriba una lista de verbos en presente simple. Pídale que escriba oraciones con los verbos de la lista.

☆☆☆

¡Lea con su hijo o hija TODOS LOS DÍAS!

En familia

El hoyo escondido

La rata y el gato

Mayito y Oscar

A Mayito y Oscar, no les preocupa que el asno Ismael sólo coma yuca.

Mayito es una gata y Oscar un ratón, mocetón.
Ella ya está vieja y él, mocetón.
Día y noche, la gata corre tras de él.

—Usted —dice el ratón—, me quiere comer.

—Óyeme, Oscarito —dice el asno Ismael—
Si vives en el patio, te puedo proteger.

—Muchas gracias, señor asno.
Yo me quedo con mi vecina.
Aunque ella sea una gata,
tengo queso en la cocina.

Esta rima incluye palabras que su hijo o hija ha practicado en la escuela: sílabas cerradas con *s* y las sílabas *ya, ye, yi, yo o yu.* Recite con su hijo o hija esta rima y representen lo que leen.

(doblar aquí)

Nombre:

Colorea la flor

Materiales I creyón rojo, I creyón azul

Instrucciones de la actividad

1. Estas flores tienen en el centro las sílabas es y ya. Por turnos, los jugadores añadirán estas sílabas al grupo de letras de uno de los pétalos. (Pista: La sílaba se puede añadir al final del grupo de letras.)

2. Si forma una palabra con sentido, el jugador coloreará el pétalo de azul.

3. Si la palabra no tiene sentido, coloreará el pétalo de rojo.

Nombre _____

Escoge la palabra de la casilla que corresponde al dibujo.
Escribe la palabra en la línea.

aves	botes	colores	mosca
nubes	pastel	botas	isla

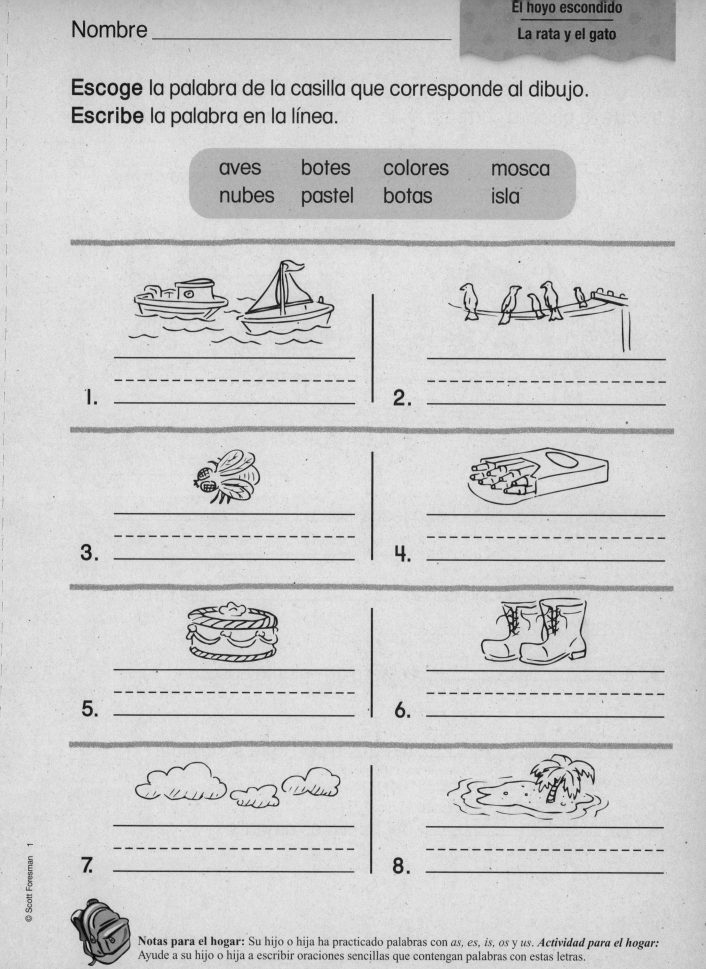

1. _____

2. _____

3. _____

4. _____

5. _____

6. _____

7. _____

8. _____

Notas para el hogar: Su hijo o hija ha practicado palabras con *as, es, is, os* y *us*. *Actividad para el hogar:* Ayude a su hijo o hija a escribir oraciones sencillas que contengan palabras con estas letras.

Nombre _____

Escoge una palabra de la casilla.

Escribe la palabra correcta en la línea para completar la oración.

yeso	payaso	mayonesa	yema	desayuno

Mayonesa

1. Todas las mañanas bebo leche con mi _____ .

2. Nos reímos mucho con el _____ del circo.

3. El _____ es para arreglar la casa.

4. La _____ me gusta con este sándwich.

5. La _____ del huevo es amarilla.

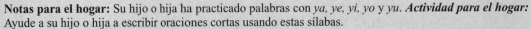

Notas para el hogar: Su hijo o hija ha practicado palabras con *ya, ye, yi, yo* y *yu*. **Actividad para el hogar:** Ayude a su hijo o hija a escribir oraciones cortas usando estas sílabas.

Nombre _____

Escoge una palabra de la casilla para completar cada oración.
Escribe la palabra en la línea.

Ese   Él   Después   Ya   escuela

1. Me gusta ir a la _____ .

2. _____ de clases jugamos un rato.

3. _____ día la pasamos muy bien.

4. _____ es mi mejor amigo.

5. _____ es hora de regresar a casa.

© Scott Foresman 1

Notas para el hogar: Esta semana su hijo o hija está aprendiendo a leer las palabras *después*, *escuela*, *ya*, *él* y *ese*. ***Actividad para el hogar:*** Escriba cada palabra en una hoja de papel aparte y pida a su hijo o hija que lea cada palabra que usted le muestre.

Nombre _____

Mira la tapa de este libro.

Escribe tus respuestas o **encierra en un círculo** la respuesta correcta.

Rufo y Tati van de viaje

por Paco Perro

1. ¿Quién escribió este libro? _____

2. ¿De que se tratará este libro?

   perros reales   perros imaginarios   un viaje verdadero

3. ¿Cómo crees que será este libro?

   cómico   triste   lleno de información

4. ¿Por qué crees que escribió el libro el autor?

   para dar información sobre los perros
   para que te pongas triste
   para hacerte reír

5. ¿Te gustaría leer este libro? ¿Por qué sí o por qué no?

   _____

   _____

Notas para el hogar: Su hijo o hija contestó preguntas diciendo por qué habrá escrito un cuento el autor.
Actividad para el hogar: Antes de leer un cuento con su hijo o hija, hágale preguntas como las de esta página para que piense sobre el propósito del autor.

54 **Comprensión: Propósito del autor/de la autora**

Nivel 1.4

© Scott Foresman 1

Nombre _____

Los verbos en el presente dicen lo que ocurre ahora u hoy.
Su forma depende de la persona o personas a que se refiere.

Mamá y Alberto **preparan** la cena hoy.
Yo **tengo** hambre ya.
Todos **queremos** comer.

Mira el dibujo y lee la oración.
Encierra en un círculo el verbo que mejor completa la oración.
Escribe el verbo en la línea.

arreglamos   arreglo
_____

1. Nosotros _____ la bicicleta.

preparas   preparan
_____

2. Ellos _____ un pastel.

saltan   salta
_____

3. Pablo y Francisco _____ sobre la cama.

riegan   riega
_____

4. Patricia _____ las plantas.

juegas   jugamos
_____

5. Tú _____ con tu hermana.

Notas para el hogar: Su hijo o hija escogió verbos en el presente para corresponder con sujetos distintos.
Actividad para el hogar: Diga una oración como *Yo juego en el jardín.* Luego dígala de nuevo con otro sujeto y sin el verbo: *Nosotros _____ en el jardín.* Pida a su hijo o hija que dé la forma correcta del verbo. Sigan cambiando el sujeto.

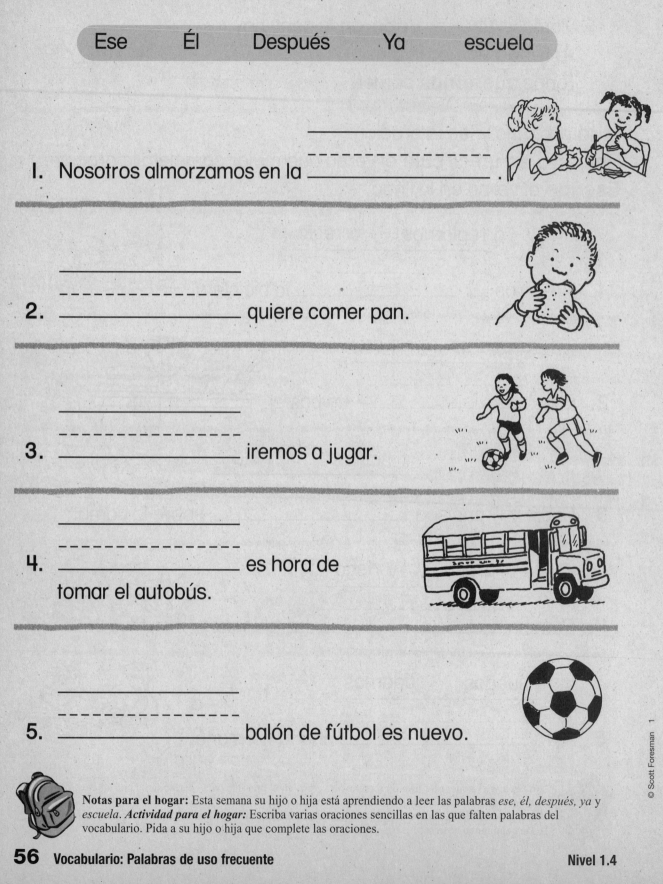

Nombre _____

Escoge una palabra de la casilla para completar cada oración.
Escribe la palabra en la línea.

| Ese | Él | Después | Ya | escuela |

1. Nosotros almorzamos en la _____.

2. _____ quiere comer pan.

3. _____ iremos a jugar.

4. _____ es hora de
tomar el autobús.

5. _____ balón de fútbol es nuevo.

Notas para el hogar: Esta semana su hijo o hija está aprendiendo a leer las palabras *ese, él, después, ya* y *escuela*. *Actividad para el hogar:* Escriba varias oraciones sencillas en las que falten palabras del vocabulario. Pida a su hijo o hija que complete las oraciones.

© Scott Foresman 1

Nombre _____

Di la palabra que corresponde a cada dibujo.
Escribe ra, re, ri, ro o **ru** para completar la palabra.

mar**i**posa

or**o**

pe**ra**

pája**ro**

1.	**2.**	**3.**	**4.**

ma _____ nero | seño _____ | o _____ ga | núme _____

5.	**6.**	**7.**	**8.**

lavado _____ | lo _____ | dine _____ | basu _____

Busca la palabra que tenga **ra, re, ri, ro** o **ru**.
Rellena el ⬭ de tu respuesta.

9. ⬭ tesoro
   ⬭ correr
   ⬭ molina

10. ⬭ perro
   ⬭ carro
   ⬭ barato

Notas para el hogar: Su hijo o hija ha repasado las sílabas *ra, re, ri, ro* y *ru*. ***Actividad para el hogar:*** Ayude a su hijo o hija a escribir oraciones sencillas que contengan palabras con estas sílabas.

Nombre _____

Escoge de la casilla la palabra que completa la oración.
Escribe la palabra en la línea.

> Este payaso yema isla Yo asno

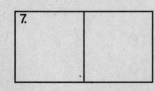

_____
1. El _____ es divertido.

_____
2. _____ payaso tiene botas rojas.

_____
3. El _____ tiene un sombrero.

_____
4. _____ quiero montar en el asno.

Lee las palabras de la casilla.
Escribe la sílaba **is** o **ye** para completar una palabra.

5.
_____
_____ ma

6.
_____
_____ la

Escoge de la casilla la palabra que cabe en las cajitas.
Escribe la palabra.

> este ya

7.	

8.			

Notas para el hogar: Su hijo o hija está aprendiendo a escribir palabras con *as, es, is, os, us, ya, ye, yi, yo* o *yu*. **Actividad para el hogar:** Pida a su hijo o hija que use las palabras de ortografía en oraciones. Escriba algunas oraciones dejando un espacio para que su hijo o hija pueda escribir la palabra de ortografía. Lean juntos las oraciones.

Lee las partes de las oraciones.

Une con una línea cada parte a la izquierda con una parte a la derecha para formar una oración completa.

1. Mi gato

2. Mis abuelos

3. Nosotros

4. Tú

5. Nuestra maestra

6. jugamos juntos.

7. tiene cuatro patas.

8. viven en Nueva York.

9. trabaja en la escuela.

10. eres un buen amigo.

Escribe una oración sobre una persona o unas personas que tú conoces.

Haz un dibujo que corresponda a la oración.

Notas para el hogar: Su hijo o hija hizo oraciones completas emparejando sujetos y verbos. *Actividad para el hogar:* Diga el nombre de una persona o un animal y pida a su hijo o hija que forme una oración sobre esa persona o animal. Continúe con otras personas, animales o grupos.

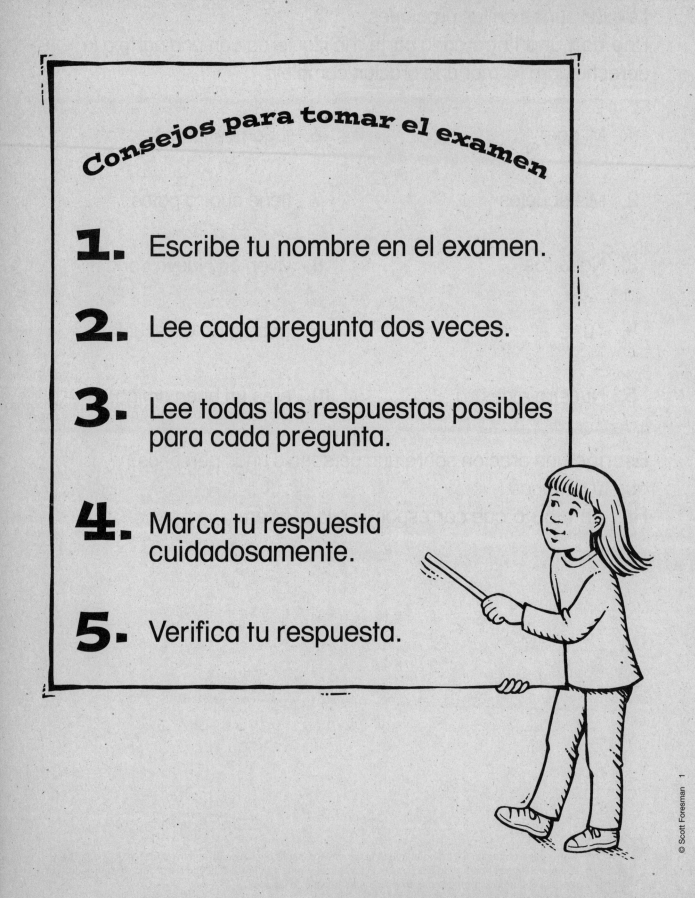

Consejos para tomar el examen

1. Escribe tu nombre en el examen.

2. Lee cada pregunta dos veces.

3. Lee todas las respuestas posibles para cada pregunta.

4. Marca tu respuesta cuidadosamente.

5. Verifica tu respuesta.

© Scott Foresman 1

Parte 1: Vocabulario

Lee cada oración.
Rellena el ⬭ de tu respuesta.

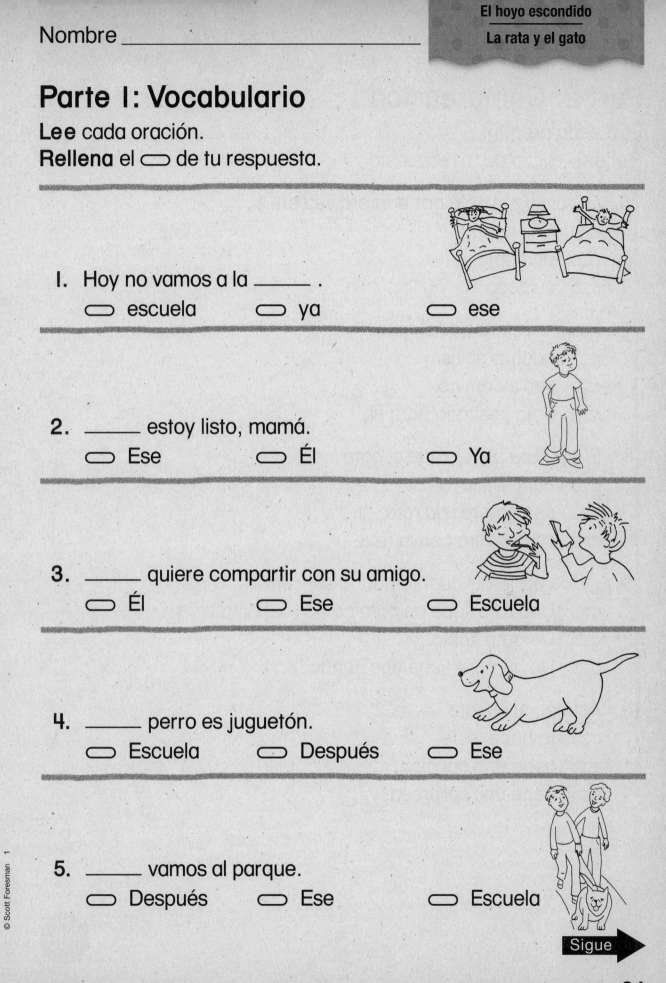

1. Hoy no vamos a la _____ .

   ⬭ escuela   ⬭ ya   ⬭ ese

2. _____ estoy listo, mamá.

   ⬭ Ese   ⬭ Él   ⬭ Ya

3. _____ quiere compartir con su amigo.

   ⬭ Él   ⬭ Ese   ⬭ Escuela

4. _____ perro es juguetón.

   ⬭ Escuela   ⬭ Después   ⬭ Ese

5. _____ vamos al parque.

   ⬭ Después   ⬭ Ese   ⬭ Escuela

Sigue ➡

Part 2: Comprensión

Lee cada pregunta.
Rellena el ⬭ de tu respuesta.

6. La rata ve al gato por primera vez en
   - ⬭ una tienda.
   - ⬭ una caja.
   - ⬭ su casa.

7. La rata quiere que el gato
   - ⬭ haga gracias.
   - ⬭ sea su amigo.
   - ⬭ coja pescado para él.

8. El hombre piensa que el gato
   - ⬭ huirá de la rata.
   - ⬭ se comerá a la rata.
   - ⬭ se divertirá con la rata.

9. ¿Qué parte del cuento podría ser real?
   - ⬭ Una rata tiene un gato como mascota.
   - ⬭ Un gato habla.
   - ⬭ Un hombre tiene una tienda.

10. Al final, el cuento
    - ⬭ te hace triste.
    - ⬭ tiene una canción.
    - ⬭ tiene una sorpresa.

© Scott Foresman 1

Nombre _____

Escoge la palabra de la casilla que corresponde a cada dibujo.
Escribe la palabra en la línea.

| Xavier | Ximena | México | taxi | xilófono | examen |

1. _____

2. _____

3. _____

4. _____

5. _____

6. _____

Busca las palabras que tengan **xi**.
Rellena el ⬭ de tu respuesta.

7. ⬭ exigente
   ⬭ esquimal
   ⬭ sol

8. ⬭ lago
   ⬭ mexicano
   ⬭ sol

Notas para el hogar: Su hijo o hija ha repasado palabras con *xa, xe, xi, xo* y *xu*. *Actividad para el hogar:* Ayude a su hijo o hija a escribir oraciones sencillas que contengan palabras con estas letras.

Nombre _____

Escoge de la casilla la palabra que corresponde al dibujo.
Escribe la palabra en la línea.

asno   maestro   yema   yoyo   payaso   escalera

1. _____

2. _____

3. _____

4. _____

5. _____

6. _____

Escoge de la casilla la palabra que completa la oración.
Escribe la palabra en la línea.

este   yo

7. _____ necesito un nuevo sombrero.

8. _____ sombrero es demasiado pequeño.

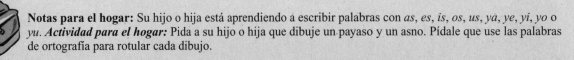

Notas para el hogar: Su hijo o hija está aprendiendo a escribir palabras con *as, es, is, os, us, ya, ye, yi, yo* o *yu. Actividad para el hogar:* Pida a su hijo o hija que dibuje un payaso y un asno. Pídale que use las palabras de ortografía para rotular cada dibujo.

© Scott Foresman   1

En familia

Tengo miedo

La sombra de Miguel

La ambulancia

Cuando la ambulancia suena,
hasta el ombligo me tiembla.
"Am… am… am…", sigue sonando,
mientras me sigo asustando.
Mas Alba, mi abuelita,
al amparo siempre llega:

—Ay —exclama—, ya no temas!
No te impacientes y espera.
No olvides que ese vehículo
más de mil calles atraviesa.
Cumple presto su función
y al último enfermo remedia.
¡Ay, ya no temas!

AMBULANCIA

Esta rima incluye palabras que su hijo o hija ha practicado en la escuela: sílabas cerradas con *m* y sílabas cerradas con *l*. Recite esta rima con su hijo o hija y representen juntos lo que leen.

(doblar aquí)

Nombre: _____

Usted es el mejor maestro de su hijo o hija, ¡y el más importante!

Aquí tiene una serie de actividades para ayudar a su hijo o hija con las distintas destrezas de una manera divertida.

Día 1 Escriba una lista con sílabas cerradas con *m* y *l*. Por turnos, hagan oraciones con estas palabras.

Día 2 Pida a su hijo o hija que escriba unas oraciones con las palabras *hombre, algún, mucho, haría* y todo prediciendo algo que pueda ocurrir.

Día 3 Cuando termine de leer un cuento con su hijo o hija, pídale que le cuente el principio, la mitad y el final del cuento.

Día 4 Su hijo o hija está aprendiendo a escuchar fijándose en los detalles. Descríbale un objeto y pídale que adivine de qué objeto se trata.

Día 5 Pídale que relate sus vacaciones favoritas o un viaje especial que haya hecho. Preste atención a los verbos en pasado que utilice. Hágale preguntas para ayudarle a corregir los errores que cometa.

¡Lea con su hijo o hija **TODOS LOS DÍAS**!

¡Formemos palabras!

Materiales   papel, 2 monedas

Instrucciones del juego

1. Haga dos tableros de mesa grandes como los de la página siguiente.

2. Por turnos, los jugadores lanzan una moneda en cada tablero de juego y leen las sílabas de las casillas en que caigan las monedas.

3. Si el jugador forma una palabra con ambas partes, gana un punto.

4. ¡El primer jugador que logre 5 puntos será el ganador!

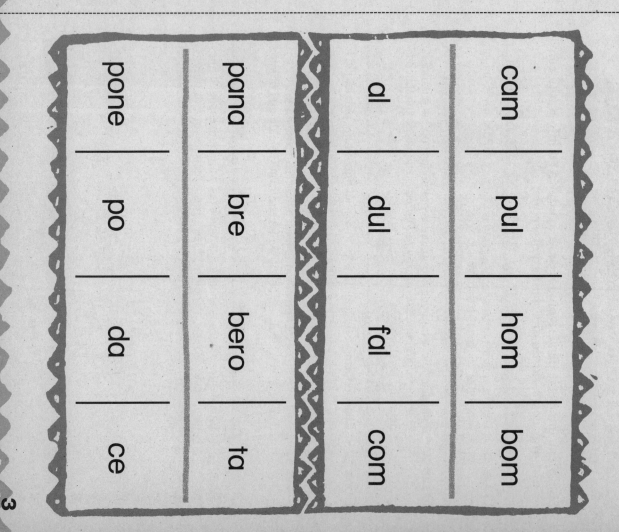

cam	pul	hom	bom
al	dul	fal	com

pana	bre	bero	ta
pone	po	da	ce

Mira cada dibujo.
Encierra en un círculo la palabra que complete
la oración.
Escribe la palabra en la línea.

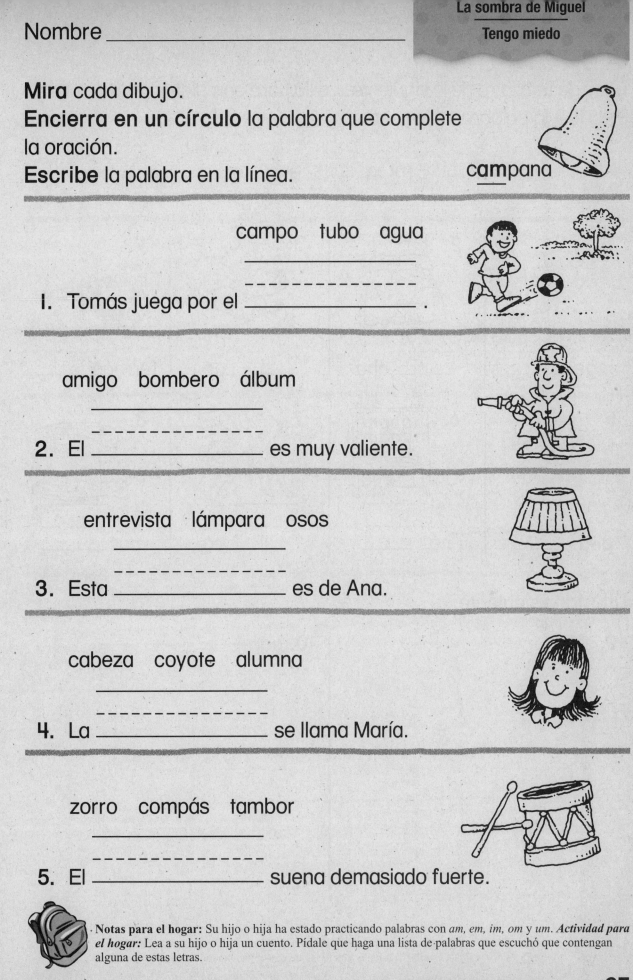

campana

campo   tubo   agua

_____

- - - - - - - - - - - - - - -

1. Tomás juega por el _____ .

amigo   bombero   álbum

_____

- - - - - - - - - - - - - -

2. El _____ es muy valiente.

entrevista   lámpara   osos

_____

- - - - - - - - - - - - - -

3. Esta _____ es de Ana.

cabeza   coyote   alumna

_____

- - - - - - - - - - - - - -

4. La _____ se llama María.

zorro   compás   tambor

_____

- - - - - - - - - - - - - -

5. El _____ suena demasiado fuerte.

Notas para el hogar: Su hijo o hija ha estado practicando palabras con *am, em, im, om* y *um. Actividad para el hogar:* Lea a su hijo o hija un cuento. Pídale que haga una lista de palabras que escuchó que contengan alguna de estas letras.

Escoge una letra de la siguiente casilla para completar cada palabra.
Escribe la palabra en la línea.

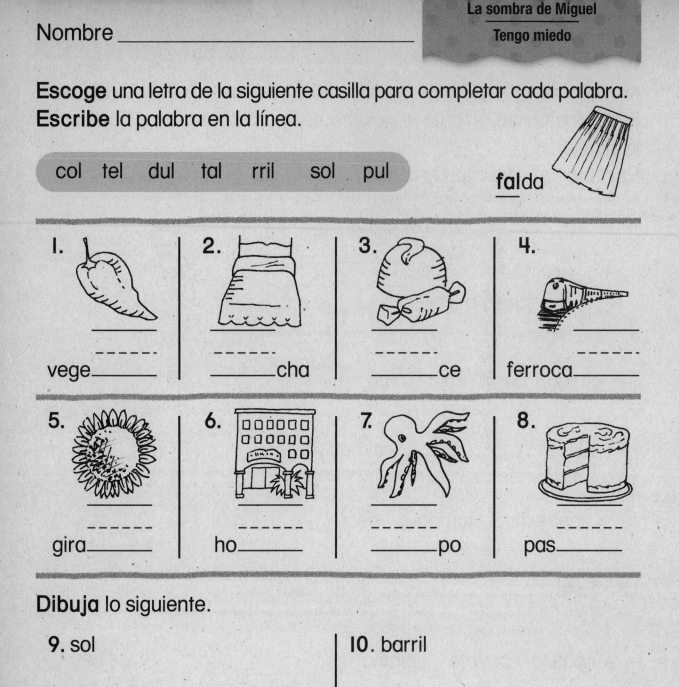

col   tel   dul   tal   rril   sol   pul

falda

1. vege_____

2. _____cha

3. _____ce

4. ferroca_____

5. gira_____

6. ho_____

7. _____po

8. pas_____

Dibuja lo siguiente.

9. sol

10. barril

 Notas para el hogar: Su hijo o hija ha repasado palabras con *al, el, il, ol* y *ul*. **Actividad para el hogar:** Ayude a su hijo o hija a escribir oraciones sencillas que contengan palabras con estas letras.

Nombre _____

Escoge una palabra de la casilla para completar cada oración.
Escribe la palabra en la línea.

| Todo | haría | algún | hombre | mucho |

1. _____ está tranquilo en casa.

2. ¿Has soñado con _____ monstruo?

3. Ese _____ es mi papá.

4. ¿Qué _____ para despertarse?

5. Hiro come _____ pan.

Notas para el hogar: Esta semana su hijo o hija está aprendiendo a leer las palabras *todo, mucho, haría, algún* y *hombre*. **Actividad para el hogar:** Anime a su hijo o hija a usar tantas palabras del vocabulario como sea posible en varias oraciones sencillas.

© Scott Foresman 1

Lee las oraciones del cuento.
Pon los números de 1 a 3 para indicar el orden correcto.

1. _____ Luego dejó que salieran a pasear.

2. _____ Después de que los caballos habían comido, Elena _____ les dio agua.

3. _____ Elena dio de comer a sus caballos.

Haz un dibujo que muestre lo que ocurrió **al principio**.
Haz un dibujo que muestre lo que ocurrió **al final**.

4. Principio

5. Final

Los verbos en el pasado dicen lo que ya ocurrió.

> Ayer mi mamá **fue** al mercado.
> Yo **fui** también.
> Ella me **compró** un helado.
> Yo me lo **comí**.

Escoge el verbo que mejor completa la oración.
Escribe el verbo en la línea.

_____

1. Ayer yo _____ con mi abuela. (hablo / hablé)

2. El año pasado mi familia _____ a México. (fue / va)

3. La semana pasada mis padres me _____ al médico. (llevan / llevaron)

4. El fin de semana pasado yo _____ muchas cosas. (hago / hice)

5. Mi hermana se _____ mi postre anoche. (comió / come)

Haz un dibujo que represente lo que ocurrió en una de las oraciones de arriba.

Notas para el hogar: Su hijo o hija escogió verbos en el pretérito (el pasado) para completar oraciones.
Actividad para el hogar: Pida a su hijo o hija que le diga oraciones sobre cosas que hizo en el pasado. Ayude a su hijo o hija a escribir los verbos, teniendo cuidado de escribirlos en el pasado.

© Scott Foresman 1

Escoge una palabra de la casilla para completar cada oración.
Escribe la palabra en la línea.

| Todo | haría | algún | hombre | Sabías | mucho |

1. _____ el día estuvimos juntos.

2. Yo _____ algo divertido con mi familia.

3. José toma _____ jugo.

4. Voy a hacer pan _____ día.

5. Conozco a un _____ que es panadero.

6. ¿ _____ que mañana es la fiesta?

Notas para el hogar: Esta semana su hijo o hija está aprendiendo a leer las palabras *todo, haría, sabías, algún, mucho* y *hombre*. *Actividad para el hogar:* Ayude a su hijo o hija a escribir un cuento usando tantas palabras del vocabulario como sea posible.

Nombre _____

Esta gráfica muestra cuántos animales viven en la finca de Elena.

Lee la gráfica.

Usa la gráfica para contestar cada pregunta.

Animales de la finca

vacas   gatas   caballos   perros   ovejas

1. ¿Cuántas gatas hay en la finca? _____

2. ¿Cuántos caballos y perros hay en la finca? _____

3. ¿Cuántas vacas hay más que ovejas? _____

4. ¿De qué animal hay más? _____

5. ¿De qué animal hay menos? _____

Notas para el hogar: Su hijo o hija leyó una gráfica de barras y contestó preguntas al respecto. *Actividad para el hogar:* Ayude a su hijo o hija a hacer una gráfica de barras que muestre la cantidad de varias cosas que hay en su casa. Luego hágale preguntas sobre la gráfica.

Nombre _____

Encierra en un círculo la palabra que corresponde a cada dibujo.

espejo

1.	2.	3.	4.
ojos notas	tenis gemelos	ligas pastel	revista isla

5.	6.	7.	8.
pasto postal	toros botas	hojas aves	mosca cesto

Busca la palabra con es.
Rellena el ⬭ de tu respuesta.

9. ⬭ escapar
   ⬭ mariscos
   ⬭ horas

10. ⬭ agosto
    ⬭ espada
    ⬭ bosque

Notas para el hogar: Su hijo o hija ha repasado palabras con *as, es, is, os* y *us*. *Actividad para el hogar:* Mire la televisión con su hijo o hija. Pídale que haga una lista de palabras de objetos que observó que contengan alguna de estas letras.

© Scott Foresman 1

| alto | empuje | él | algún | empezó |

Escribe dos palabras de la casilla que tengan la sílaba **al**.

1. _____ to

2. _____ gún

Escribe dos palabras de la casilla que tengan la sílaba **em**

3. _____ pezó

4. _____ puje

Escoge de la casilla la palabra que completa la oración.
Escribe la palabra en la línea.

5. Mi hermano es _____ .

6. A _____ le gusta correr.

Escoge de la casilla la palabra que cabe en las cajitas.
Escribe la palabra.

| al | ambos |

7. | | | | | |

8. | | |

Notas para el hogar: Su hijo o hija está aprendiendo a escribir palabras con *am, em, im, om, um, al, el, il, ol* o *ul*. *Actividad para el hogar:* Diga algunas oraciones sencillas, usando una de las palabras de ortografía en cada oración. Pida a su hijo o hija que escriba la palabra de ortografía.

Nombre _____

Encierra en un círculo el verbo que mejor completa la oración.
Escribe el verbo en la línea.

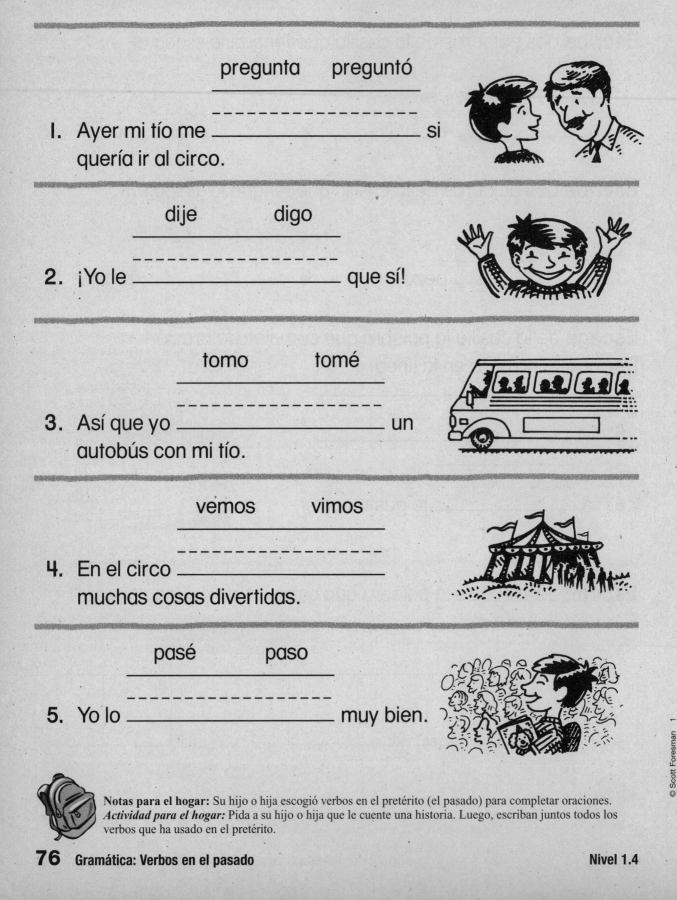

pregunta   preguntó
_____

1. Ayer mi tío me _____ si
   quería ir al circo.

dije   digo
_____

2. ¡Yo le _____ que sí!

tomo   tomé
_____

3. Así que yo _____ un
   autobús con mi tío.

vemos   vimos
_____

4. En el circo _____
   muchas cosas divertidas.

pasé   paso
_____

5. Yo lo _____ muy bien.

Notas para el hogar: Su hijo o hija escogió verbos en el pretérito (el pasado) para completar oraciones.
Actividad para el hogar: Pida a su hijo o hija que le cuente una historia. Luego, escriban juntos todos los
verbos que ha usado en el pretérito.

Parte I: Vocabulario

Lee cada oración.
Rellena el ⊂⊃ de tu respuesta.

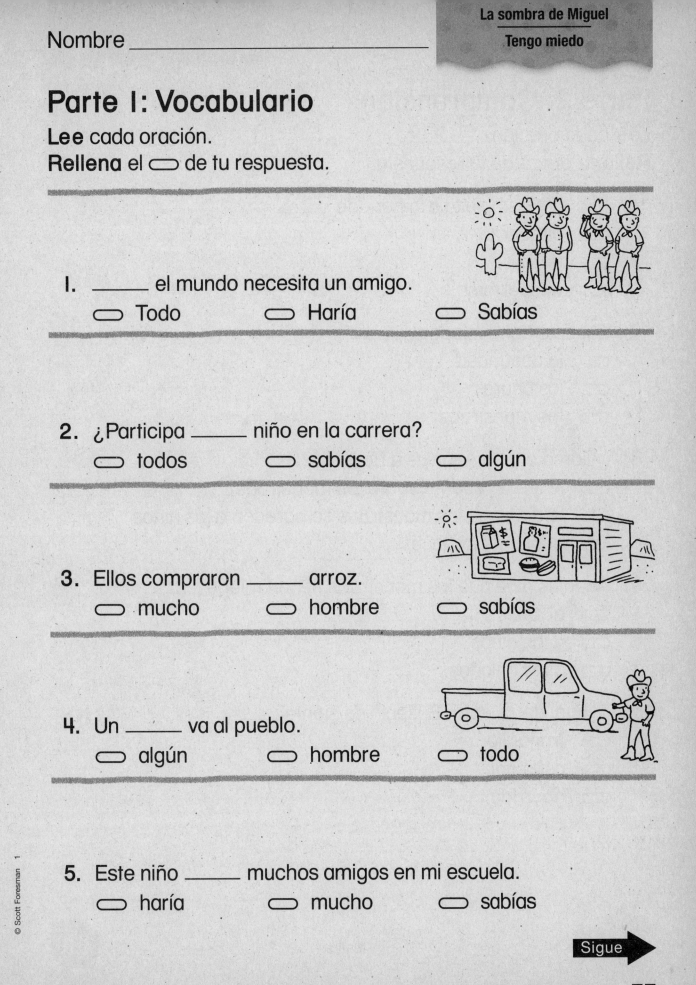

I. _____ el mundo necesita un amigo.

  ⊂⊃ Todo   ⊂⊃ Haría   ⊂⊃ Sabías

2. ¿Participa _____ niño en la carrera?

  ⊂⊃ todos   ⊂⊃ sabías   ⊂⊃ algún

3. Ellos compraron _____ arroz.

  ⊂⊃ mucho   ⊂⊃ hombre   ⊂⊃ sabías

4. Un _____ va al pueblo.

  ⊂⊃ algún   ⊂⊃ hombre   ⊂⊃ todo

5. Este niño _____ muchos amigos en mi escuela.

  ⊂⊃ haría   ⊂⊃ mucho   ⊂⊃ sabías

Sigue ➡

Parte 2: Comprensión

Lee cada oración.

Rellena el ⬭ de tu respuesta.

6. El cuento empieza a la hora de _____
   - ⬭ almuerzo.
   - ⬭ dormir.
   - ⬭ despertarse.

7. Eusebio tiene miedo a _____
   - ⬭ la oscuridad.
   - ⬭ las alturas.
   - ⬭ los monstruos.

8. ¿Cómo ayuda Ananías a Eusebio?
   - ⬭ le lee un cuento sobre los monstruos
   - ⬭ le dice que los monstruos se parecen a los niños
   - ⬭ enciende las luces

9. Ananías dice que los monstruos tienen miedo _____
   - ⬭ al sol.
   - ⬭ a los niños.
   - ⬭ a los helados.

10. Al final del cuento, Eusebio se siente _____
    - ⬭ tranquilo.
    - ⬭ asustado.
    - ⬭ aburrido.

Nombre _____

Encierra en un círculo la palabra
que complete la oración.
Escribe la palabra en la línea.

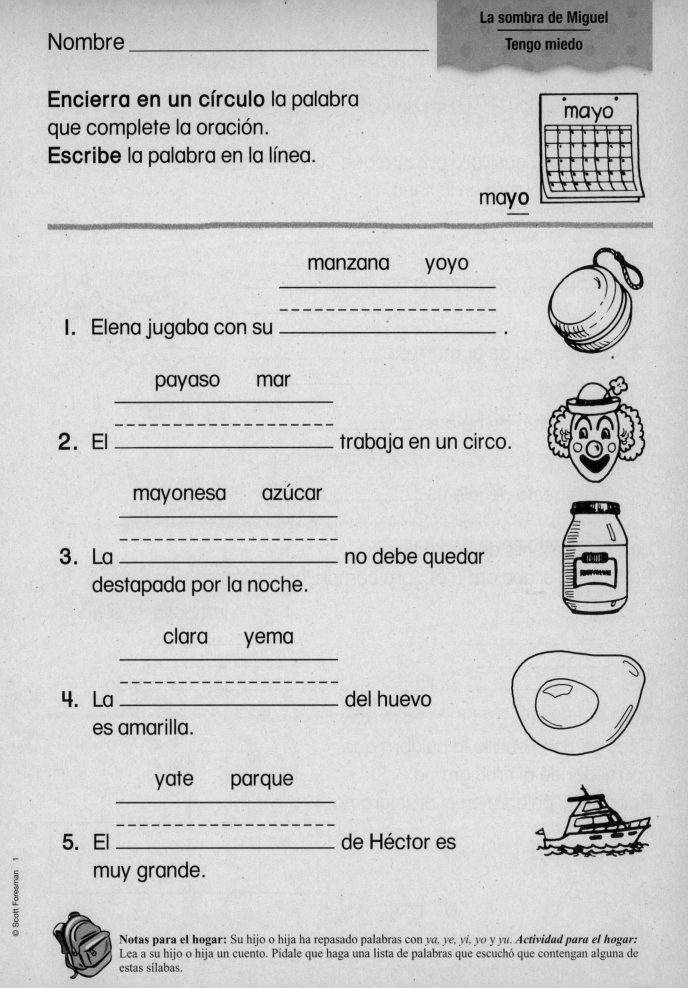

mayo

mayo

---

manzana   yoyo

_____

- - - - - - - - - - - - - - -

1. Elena jugaba con su _____ .

payaso   mar

_____

- - - - - - - - - - - - - - -

2. El _____ trabaja en un circo.

mayonesa   azúcar

_____

- - - - - - - - - - - - - - -

3. La _____ no debe quedar
destapada por la noche.

clara   yema

_____

- - - - - - - - - - - - - - -

4. La _____ del huevo
es amarilla.

yate   parque

_____

- - - - - - - - - - - - - - -

5. El _____ de Héctor es
muy grande.

Notas para el hogar: Su hijo o hija ha repasado palabras con *ya, ye, yi, yo* y *yu*. *Actividad para el hogar:* Lea a su hijo o hija un cuento. Pídale que haga una lista de palabras que escuchó que contengan alguna de estas sílabas.

| último | empuje | alto | olvidó |

Escoge de la casilla la palabra que completa la oración.
Escribe la palabra en la línea.

1. El opuesto de recordó es _____ .

2. El opuesto de primero es _____ .

3. El opuesto de bajo es _____ .

4. El opuesto de jale es _____ .

Lee las palabras de la casilla.
Escribe la sílaba **am** u **ol** para completar la palabra.

| ampolla | olvidó |

5. _____ polla

6. _____ vidó

Escoge de la casilla la palabra que corresponde al crucigrama.
Escribe la palabra en el crucigrama.

| alto | él |

Notas para el hogar: Su hijo o hija está aprendiendo a escribir palabras con *am, em, im, om, um, al, el, il, ol* o *ul*. *Actividad para el hogar:* Diga las palabras de ortografía. Pida a su hijo o hija que use las palabras de ortografía en oraciones y que luego las escriba.

Usted es el mejor maestro de su hijo o hija, ¡y el más importante!

Aquí tiene una serie de actividades para ayudar a su hijo o hija con las distintas destrezas de una manera divertida.

Día 1 Escriba una lista con sílabas cerradas con *n* y *r*. Por turnos, formen oraciones con esas palabras y luego escriban juntos un párrafo.

Día 2 Pida a su hijo o hija que escriba oraciones sencillas con las siguientes palabras: *antes, mejor, lugar, idea y mío.*

Día 3 Dibuje algo real en una hoja de papel, y algo imaginario en la parte de atrás de la hoja. Pídale que escriba "real" o "imaginario" en el dibujo que corresponda.

Día 4 Su hijo o hija está aprendiendo a seguir indicaciones dadas de forma verbal. Dele instrucciones para hacer un sándwich que le guste. Pídale que siga sus instrucciones.

Día 5 Léale la primera parte de un cuento, y pídale que forme oraciones utilizando *ir + a + infinitivo* para predecir lo que va a ocurrir. Por ejemplo: *El conejo va a comer la lechuga.*

¡Lea con su hijo o hija TODOS LOS DÍAS!

En familia

¿Ya ves?

Adivina, adivinador

¿Cuál es el lugar más bonito de mi casa?

Erguido hay un árbol,
inquieto un insecto,
hermosa una orquídea,
pero no es un huerto.

En ese lugar
de suaves olores,
las ondas del viento
besan a las flores.

Antes de ir allí,
si sabes al fin,
te urge decir,
"Ése es el jardín!"

Esta rima incluye palabras que su hijo o hija ha practicado en la escuela: palabras con sílabas cerradas con *n* o *r*. Lea en voz alta esta rima con su hijo o hija. Levanten las manos cada vez que digan alguna palabra que contenga esas sílabas.

(doblar aquí)

Nombre:

Busca la palabra

Materiales un círculo de papel, sujetapapeles, 1 ficha para cada jugador

Instrucciones del juego

1. Haga una ruleta sencilla, como la de abajo.

2. Por turnos, giren la ruleta. Cuando la ruleta se detenga en una sílaba, el jugador deberá decir una palabra que contenga esa sílaba.

3. Si responde correctamente avanzará el número de casillas que indique la ruleta. Sigan las indicaciones que hay en cada casilla. El jugador que no responda correctamente, no avanzará ninguna casilla.

4. ¡El primer jugador en llegar a la **Meta** será el ganador!

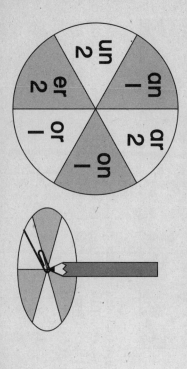

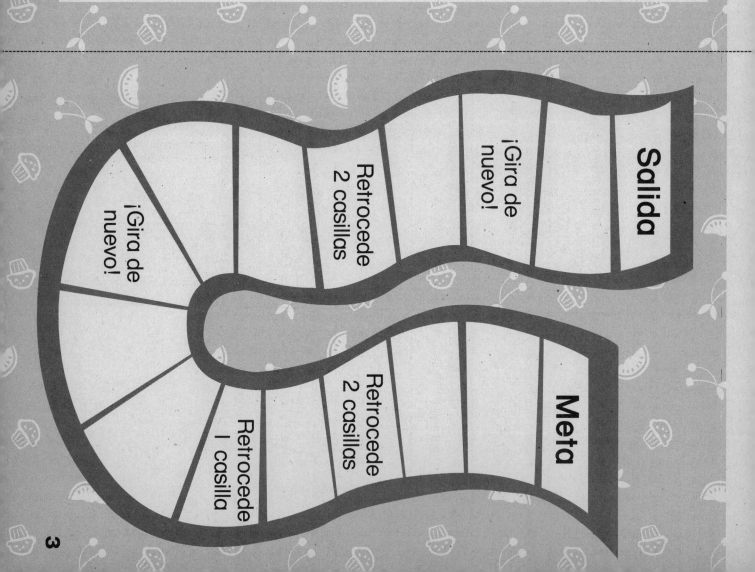

Salida

¡Gira de nuevo!

Retrocede 2 casillas

¡Gira de nuevo!

Retrocede 1 casilla

Retrocede 2 casillas

Meta

Nombre _____

Ayuda a la abejita a llegar a su colmena.
Colorea cada flor que tenga **an**, **en**, **in**, **on** o **un**.
Escribe cada palabra que coloreaste en la línea.

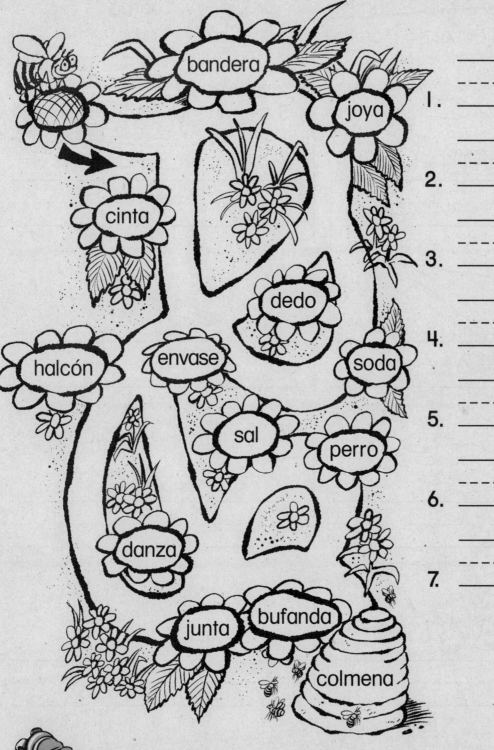

1. _____

2. _____

3. _____

4. _____

5. _____

6. _____

7. _____

Notas para el hogar: Su hijo o hija ha estado repasando palabras con *an, en, in, on* y *un*. ***Actividad para el hogar:*** Ayude a su hijo o hija a hacer una lista de palabras que contengan estas letras.

Escoge la palabra de la casilla que corresponde a cada dibujo.
Escribe la palabra en la línea.

servilleta	artista	ardilla	barco
televisor	tortuga	tenedor	árbol

1.

2.

3.

4.

5.

6.

7.

8.

Notas para el hogar: Su hijo o hija ha practicado palabras con *ar, er, ir, or* y *ur*. ***Actividad para el hogar:***
Ayude a su hijo o hija a escribir oraciones sencillas que contengan palabras con estas letras.

Escoge una palabra de la casilla para completar cada oración.
Escribe la palabra en la línea.

lugar	mejor	idea	mío	Antes

1. Esta _____ es muy buena.

2. Esto es _____ que jugar en el parque.

3. _____ no sabía jugar.

4. En este _____ hay muchos libros.

5. Este libro es _____ .

Notas para el hogar: Esta semana su hijo o hija está aprendiendo a leer las palabras *lugar, mejor, idea, mío* y *antes*. **Actividad para el hogar:** Escriba cada palabra en una hoja de papel aparte. Muestre cada palabra a su hijo o hija. Pídale que le diga la palabra y que luego la use en una oración.

Mira cada dibujo.
Escribe R en la línea si podría ser real.
Escribe I en la línea si es imaginario.

1.

2.

3.

4.

Haz un dibujo de algo que podría ocurrir de verdad.

5.

Notas para el hogar: Su hijo o hija identificó oraciones representando la realidad o la fantasía.
Actividad para el hogar: Invente un cuento con su hijo o hija, incluyendo tanto elementos reales como elementos imaginarios.

Nombre _____

Los verbos en el **futuro** dicen lo que va a ocurrir.

Un día **voy a ser** cantante.
Todo el mundo **va a venir** para oírme.
Van a haber muchos discos de música.

Escoge la forma del verbo en el futuro que mejor completa la oración.

Escribe el verbo en la línea.

1. Si llueve mañana yo _____ un paraguas. (voy a llevar / vamos a llevar)

2. El próximo año mi familia _____ a una reunión. (va a ir / voy a ir)

3. Mi abuelo me ha prometido que me _____ una historia. (van a contar / va a contar)

4. Este fin de semana nosotros _____ una fiesta. (voy a dar / vamos a dar)

5. ¿Tú crees que _____ aquí mañana? (va a nevar / van a nevar)

Haz un dibujo que represente lo que va a ocurrir según una de las oraciones de arriba.

Notas para el hogar: Su hijo o hija escogió verbos en el tiempo futuro para completar oraciones. *Actividad para el hogar:* Pregunta a su hijo o hija qué piensa que ocurrirá en el futuro (mañana, la próxima semana o en el futuro distante).

© Scott Foresman 1

Escoge una palabra de la casilla para completar cada oración.
Escribe la palabra en la línea.

lugar   mejor   idea   mío   Antes

_____

1. Este traje es _____ .

_____

2. Juan busca un _____ para sentarse.

_____

3. Marta tiene una buena _____ .

_____

4. ¡Es _____ jugar a las adivinanzas!

_____

5. _____ tenemos que leer el libro.

Notas para el hogar: Esta semana su hijo o hija está aprendiendo a leer las palabras *lugar, mejor, idea, mío* y *antes*. **Actividad para el hogar:** Ayude a su hijo o hija a escribir una oración con cada palabra.

© Scott Foresman 1

Escoge la sílaba de la casilla para completar cada palabra.
Escribe la sílaba en la línea.

al**bum**

tambor

lám	em	bom	com	lum	cam

1. a _ _ _ _ na

2. _ _ _ _ pate

3. re _ _ _ _ pago

4. _ _ _ _ po

5. _ _ _ _ para

6. _ _ _ _ pana

7. _ _ _ _ putadora

8. _ _ _ _ bero

Busca la palabra que tenga las sílabas **om** o **im**.
Rellena el ⬭ de tu respuesta.

9. ⬭ importante
⬭ compartir
⬭ empujar

10. ⬭ billete
⬭ ardilla
⬭ ombligo

Notas para el hogar: Su hijo o hija ha repasado palabras con *am, em, im, om* y *um*. *Actividad para el hogar:* Ayude a su hijo o hija a escribir oraciones sencillas que contengan palabras con estas letras.

Nombre _____

| arte | antena | antes | arco |

Escribe dos palabras de la casilla que tengan la sílaba **an**.

1. _____

2. _____

Escribe dos palabras de la casilla que tengan la sílaba **ar**.

3. _____

4. _____

Lee las palabras de la casilla.
Escribe la sílaba **en** u **on** para completar una palabra.

| onda | entero |

5. _____ da

6. _____ tero

Escoge de la casilla la palabra que cabe en las cajitas.
Escribe la palabra.

| ir | antes |

7. | | | | | |

8. | | |

Notas para el hogar: Su hijo o hija está aprendiendo a escribir palabras con *an, en, in, on, un, ar, er, ir, or* o *ur. Actividad para el hogar:* Pida a su hijo o hija que le diga oraciones sencillas usando las palabras de ortografía. Escriba las oraciones dejando un espacio para que él o ella pueda escribir la palabra de ortografía. Lean juntos las oraciones.

© Scott Foresman 1

Pon los pasos en el orden correcto.

Orden incorrecto

Mamá hace la comida.

Mamá sale a hacer la compra.

Orden correcto.

Mamá sale a hacer la compra.

Mamá hace la comida.

Pon estos pasos para preparar una comida sencilla en el orden correcto.

Escribe los pasos en el orden correcto en las líneas.

Mamá compra las papas.

Mamá pica las papas.

Mamá pone las papas en la olla.

Mamá pela las papas.

1. _____

2. _____

3. _____

4. _____

Escribe una oración que diga lo que sucede a continuación.

5. _____

Notas para el hogar: Su hijo o hija ha identificado y escrito en forma correcta los pasos para preparar una comida sencilla. **Actividad para el hogar:** Anime a su hijo o hija a que le relate una actividad que realiza siguiendo un orden determinado: por ejemplo, prepararse para ir a la escuela. Pídale que escriba los pasos en el orden correcto.

Lee cada oración.
Escoge el verbo de la casilla que mejor completa la oración.
Escribe el verbo en la línea.

voy a ser   voy a curar   van a venir   van a estar   voy a trabajar

1. Un día yo _____ médico.

2. Yo _____ en un hospital en mi ciudad.

3. Las personas enfermas _____ a verme.

4. Las _____ a todas.

5. Mis padres _____ muy orgullosos de mí.

Notas para el hogar: Su hijo o hija completó oraciones usando verbos en el tiempo futuro. *Actividad para el hogar:* Pregunte a su hijo o hija lo que quiere ser cuando sea mayor. Pregunte qué cosas hará como parte de su profesión elegida. Escriban juntos algunos de los verbos que ha usado en el futuro.

Parte 1: Vocabulario

Lee cada oración.
Rellena el ⬭ de tu respuesta.

1. Este cuento es _____ .
   ⬭ mío   ⬭ antes   ⬭ lugar

2. ¡Tengo una _____ genial!
   ⬭ mejor   ⬭ mío   ⬭ idea

3. Carlos y yo vamos a ir a ese _____ .
   ⬭ idea   ⬭ lugar   ⬭ mejor

4. Playa Colorada es el _____ lugar para nadar.
   ⬭ mejor   ⬭ lugar   ⬭ mío

5. Yo quiero ir _____ a la escuela.
   ⬭ mío   ⬭ idea   ⬭ antes

Sigue ➡

Parte 2: Comprensión

Lee cada oración.
Rellena el ⬭ de tu respuesta.

6. Nico y Nina se encuentran en _____
- ⬭ la escuela.
- ⬭ el mercado.
- ⬭ la casa.

7. Según Nina, ¿qué es algo y nada a la vez?
- ⬭ un pez
- ⬭ una llave
- ⬭ una pera

8. ¿Qué piensan Nico y Nina de las adivinanzas?
- ⬭ son difíciles
- ⬭ son aburridas
- ⬭ son divertidas

9. Nina dice un trabalenguas sobre _____
- ⬭ las peras.
- ⬭ las gallinas.
- ⬭ los cocos.

10. Al final del cuento, Nico y Nina están _____
- ⬭ cansados.
- ⬭ contentos.
- ⬭ enojados.

Nombre _____

Encierra en un círculo la palabra que corresponde a cada dibujo.

veg**etal** **fal**da

1.	**2.**	**3.**	**4.**
sal pan	perro túnel	selva barco	sol carro

5.	**6.**	**7.**	**8.**
farol casa	bosque girasol	bolsillo ramo	bolsa velo

Busca la palabra que tenga **col** o **dul**.
Rellena el ⬭ de tu respuesta.

9. ⬭ chaleco
⬭ colcha
⬭ canal

10. ⬭ dulce
⬭ alto
⬭ mural

Notas para el hogar: Su hijo o hija ha repasado palabras con *al, el, il, ol* y *ul*. *Actividad para el hogar:* Mire la televisión sin volumen con su hijo o hija. Pídale que haga una lista de palabras de objetos que observó que contengan alguna de estas letras.

antena	árbol	arco	ordena	órgano

Escoge de la casilla la palabra que completa la oración.
Escribe la palabra en la línea.

_____

1. Papá _____ la habitación.

_____

2. Él pone la _____ sobre el televisor.

Escoge la palabra que corresponde al dibujo.
Escribe la palabra en la línea.

3. _____

4. _____

5. _____

Lee las palabras de la casilla.
Escribe la sílaba **on** u **or** para completar la palabra.

onda	ordena

_____
6. _____ dena

_____
7. _____ da

Notas para el hogar: Su hijo o hija está aprendiendo a escribir palabras con *an, en, in, on, un, ar, er, ir, or* o *ur*. *Actividad para el hogar:* Diga las palabras de ortografía. Pida a su hijo o hija que escriba las palabras y que luego las use en oraciones.

Nombre _____

Convierte cada oración en el tiempo presente a una oración en el tiempo futuro.
Escribe la nueva oración en la línea.
Pista: Añade **va a** o **van a** al **infinitivo del verbo** (verbos que terminan en **ar/er/ir**) para cambiar el tiempo presente al tiempo futuro.

1. Nico toma leche.

_____
- -
_____

2. Toni explica cómo se juega.

_____
- -
_____

3. Ana corre por el parque.

_____
- -
_____

4. Él vive en México.

_____
- -
_____

5. Ellos ganan el partido.

_____
- -
_____

© Scott Foresman 1

Notas para el hogar: Su hijo o hija ha convertido oraciones en el tiempo presente a oraciones en el tiempo futuro. *Actividad para el hogar:* Escriba verbos regulares en tiras de papel, como por ejemplo *saltar, correr, jugar,* etc. Usted y su hijo o hija deben tomar turnos para elegir un verbo y hacer oraciones que describan acciones en el tiempo presente y en el tiempo futuro.

Acabo de leer

Se trataba de

Palabras que ahora sé leer y escribir

Acabo de leer ----------------------------

_____

_____

Se trataba de

Palabras que ahora sé leer y escribir

---------------------- ----------------------

_____ _____

---------------------- ----------------------

_____ _____

---------------------- ----------------------

Nombre _____

Palabras que ahora sé leer y escribir

- - - - - - - - - - - - -

- - - - - - - - - - - - -

- - - - - - - - - - - - -

- - - - - - - - - - - - -

- - - - - - - - - - - - -

- - - - - - - - - - - - -

- - - - - - - - - - - - -

- - - - - - - - - - - - -

- - - - - - - - - - - - -

Acabo de leer

_____

_____

- - - - - - - - - - - - - - - - -

_____

Se trataba de

Palabras que ahora sé leer y escribir

_____   _____

- - - - - - - - - -   - - - - - - - - - -

_____   _____

- - - - - - - - - -   - - - - - - - - - -

Palabras que ahora sé leer y escribir

Acabo de leer _____

Se trataba de

Palabras que ahora sé leer y escribir

Palabras que ahora sé leer y escribir

Acabo de leer _____

_____

_____

Se trataba de

Palabras que ahora sé leer y escribir

_____ _____

_____ _____

_____ _____

Palabras que ahora sé leer y escribir

Nombre _____

Acabo de leer _____

_____

_____

Se trataba de

Palabras que ahora sé leer y escribir

_____ _____

_____ _____

Palabras que ahora sé leer y escribir